Irene Gysel, Barbara Helbling
Zürichs letzte Äbtissin
Katharina von Zimmern

Wappen der Freifrau Katharina von Zimmern.

Zürichs letzte Äbtissin Katharina von Zimmern
1478–1547

Herausgegeben von
Irene Gysel und Barbara Helbling

NZZ Verlag

*Die Herausgeberinnen und der Verlag
danken folgenden Institutionen und Stiftungen
für die grosszügige Unterstützung dieses Buches:*

*Evangelisch-reformierte Landeskirche des Kantons Zürich
Emil Brunner-Stiftung*

3. Auflage, 2001

© 1999, Verlag Neue Züricher Zeitung, Zürich
ISBN 3 85823 937 2

Inhalt

Vorwort 7
Irene Gysel

Einleitung 13
Barbara Helbling

Herkunft und Jugend 19
Roswith Günter

Katharina im Fraumünster 41
Barbara Helbling

Ein Leben als Bürgerin 67
Roswith Günter

Ausbau und Ausstattung der Fraumünsterabtei
unter Katharina von Zimmern 97
Regine Abegg und Christine Barraud Wiener

Die Übergabe des Stifts an die Stadt – rechtlich gesehen 119
Eduard Rübel

«Digna Dei gratia clarissima anachorita» 137
Christine Christ-v. Wedel

Anmerkungen 171
Zeittafel 185
Quellen hrg. von Wolfram Schneider-Lastin 189
Literaturverzeichnis 203
Bildnachweis 213

Vorwort

IRENE GYSEL

Ein Schlussbouquet für ein intensives zehnjähriges Engagement wünschte sich die kirchliche Arbeitsgruppe «Ökumenische Dekade für Solidarität der Kirchen mit den Frauen». Daraus ist dieses Buch entstanden. Zehn Jahre lang hatte die Arbeitsgruppe versucht, der Reformierten Zürcher Landeskirche Solidarität mit den Frauen beliebt zu machen. Es sind zehn Jahre voll zäher Bemühungen, aber auch mit einigen Lichtblicken geworden.

Von oberster kirchlicher Warte, vom Ökumenischen Rat der Kirchen in Genf, war diese Dekade empfohlen worden, und zwar weltweit. Was sie den Frauen wirklich gebracht hat, wird wohl erst viel später sichtbar werden. Den Ungeduldigen ist es viel zu wenig. Dass grosse Umwälzungen Zeit brauchen, ist für viele schwierig auszuhalten.

Das Bewusstsein, heute in einer grossen Übergangszeit zu leben, hat die Arbeitsgruppe des öftern veranlasst, in jene andere grosse Übergangszeit zurückzublicken, die Zeit der Reformation. Der grundlegende Wandel, der dort möglich gewesen war, lässt immer von neuem staunen. Man weiss, dass damals auch Frauen aktiv mitwirkten und auf anerkannte Beteiligung in der Kirche hofften. Ihre Hoffnungen gehen erst heute, in unserem Jahrhundert, Schritt um Schritt in Erfüllung.

Als Chance für einen solchen Schritt erwies sich die von der Zürcher Kirche anlässlich Ulrich Zwinglis 500. Geburtstag initiierte Erneuerungsbewegung: die «Disputation 84». Sie bot den reformierten, kirchlich engagierten Frauen im Kanton Zürich die Möglichkeit, eigene Ziele zu formulieren, eigene Werte zu prüfen, eigene Formen auszuprobieren und schliesslich, gemeinsam mit den Katholikinnen, die Ökumenische Frauenbewegung Zürich zu gründen. Das Jubiläum für den Reformator hat sich gelohnt.

Nicht zuletzt daraus entstand der Wunsch, nochmals in jene Zeit zurückzublicken, aber nun auf die Geschichte einer der Frauen, die damals hier in Zürich lebten, die mitdachten und die Zeit mitprägten. Die Arbeitsgruppe entschied sich für die Frau, die einen für die Zürcher Reformation wichtigen Entscheid gefällt hat, die diesen Entscheid nicht nur vor sich und ihrer Familie verantworten musste, sondern die auch die Konsequenzen ihres Schrittes, der ihr ganzes Leben und ihre Stellung von Grund auf veränderte, ganz allein zu tragen hatte: Katharina von Zimmern, letzte Äbtissin des Fraumünsters (oder des Frauenmünsters, des Münsters der Frauen, wie es damals genannt wurde).

Im Hochmittelalter hatten die Äbtissinnen des Fraumünsters die Position von Stadtherrinnen inne. Zur Zeit Katharinas war dies nur noch theoretisch so. Katharina von Zimmern, eine begabte, aktive Frau, versuchte, einiges davon wieder Wirklichkeit werden zu lassen; es gelang ihr aber nurmehr ansatzweise. Im Dezember 1524, am Vorabend des Festes Maria Empfängnis übergab sie die Abtei der Stadt. Das tönt hier ganz einfach, war aber ein gewaltiger, unserer Meinung nach damals wie heute zu wenig beachteter und zu gering bewerteter Schritt.

Wer war diese Frau, die verzichtete, um «Ungemach zu verhindern»? Die ihre Position, ihre ganze Lebensweise aufgab und sich den Erfordernissen der Zeit anpasste? Unter welchen Umständen hat sie die Abtei übergeben? War sie unter Druck und musste die Übergabe gegen ihren Willen vollziehen oder war sie selber eine aktive, theologisch und politisch mitdenkende Reformatorin? Zwischen diesen beiden Positionen sind alle Schattierungen möglich. Und dann: Was ist aus ihr geworden? Hat sie für ihre Tat die angemessene Anerkennung gefunden?

Natürlich sind alle diese Fragen kaum mehr mit Sicherheit zu beantworten. Die Quellenlage ist, wie fast immer bei Frauen, äusserst knapp. Mögliche Antworten können nur umkreist werden. Von Katharina selber existieren lediglich die Übergabeurkunde und ein Brief, den sie später an ihre Verwandten schrieb. Sonst ist nichts Schriftliches von ihr vorhanden.

Trotzdem entschloss sich die Arbeitsgruppe, es zu versuchen: Sie übertrug mir die Aufgabe, über Katharina von Zimmern ein Buch herauszugeben. Ich hatte gleich mit meiner ersten Anfrage grosses Glück: Die Historikerin Dr. Barbara Helbling hat sich spontan zur Mitarbeit gewinnen lassen und mit ihrem fachlichen Wissen und ihrer Begeisterungsfähigkeit entscheidend zum Gelingen dieses Buches beigetragen. Sie war es auch, die im Stadtarchiv auf die Spur von Dr. Roswith Günter aus Rottweil stiess. Roswith Günter hatte aus verwandtschaftlichen Gründen in jahrelanger Arbeit die Familiengeschichte der Katharina von Zimmern erforscht. Sie stellte uns ihre Arbeit grosszügig zur Verfügung und so besassen wir den wichtigen Grundstock, ohne den unser Vorhaben kaum hätte umgesetzt werden können. Ihr sei hier ganz herzlich gedankt!

Dann kam uns ein Zufall zu Hilfe: Eine Sammlung von Erstdrucken aus der Reformationszeit wurde zum Kauf angeboten. Zwei dieser Drucke sind mit einer Widmung an die Äbtissin des Fraumünsters versehen. Nun hatten wir immerhin einen Beleg dafür, dass sie mit ziemlicher Sicherheit reformatorische Schriften gelesen hat.

Und nochmals hatten wir Glück: Dr. Regine Abegg und Dr. Christine Barraud Wiener waren gerade daran, das Kapitel über die Baugeschichte des Fraumünsters in «Kunstdenkmäler der Schweiz» zu revidieren. In der Baugeschichte sind Spuren der jeweiligen Bauherrinnen zu finden. Christine Barraud und Regine Abegg waren bereit, die Baugeschichte zur Zeit Katharinas nach Spuren von ihr zu untersuchen.

Bei dem wenigen, das wir von Katharina von Zimmern selber besitzen, wurde das eine, von ihr stammende Dokument immer wichtiger. Dieses eine Dokument, das einzige und gleichfalls entscheidende verlangte nach der sorgfältigen Würdigung eines Juristen.

Wir konnten dafür alt Oberrichter Dr. Eduard Rübel gewinnen, der sich immer wieder kirchenrechtlichen Fragen gewidmet hat und der die Geschichte des Fraumünsters von verschiedenen Arbeiten her bis ins Detail kennt.

Die Historikerin Dr. Christine Christ, spezialisiert auf Reformationsgeschichte, hat die Aufgabe übernommen, das Frauenbild von Reformatoren und Humanisten darzustellen und Katharinas Spielraum in dieser Hinsicht abzustecken. Sie ist den wenigen Hinweisen und Quellen hartnäckig auf der Spur geblieben und hat dabei einige Entdeckungen gemacht. Ihre vielfältigen Neuinterpretationen werden die Forschung anregen und bedingen einen ausführlichen Anmerkungsteil. Das Thema «Katharina von Zimmern» hat Christine Christ nicht mehr losgelassen, sie wird auch nach Erscheinen dieses Buches weiter forschen. Was für uns hier vor allem wichtig ist: Sie hat die erstaunlich unpolemische Haltung der Äbtissin herausgearbeitet und zeigt eine Frau, die in einer Zeit des grossen Umbruchs konsequent ihren Weg gegangen ist, ohne sich mit Verunglimpfungen verteidigen zu müssen.

Wer sich für die Erforschung einer historischen Frauenbiographie entscheidet, weiss dass er/sie damit viele Fragen neu stellt, viele Dokumente anders durchsucht und somit auch Neues finden kann. Wir waren uns dessen bewusst, staunten dann aber doch, als es wirklich so war. Sogar das Todesdatum, das bisher unbekannt war und zu einigen Spekulationen Anlass gab, kennen wir jetzt. Wir danken Rainer Henrich an dieser Stelle. Er fand, angeregt durch einen Vortrag von Christine Christ und Barbara Helbling, die Erwähnung in den Ratsmissiven.

Allen Autorinnen und dem Autor sei hier für ihre grosse Arbeit herzlich gedankt. Ebenso Dr. Wolfram Schneider-Lastin für seinen grossen Einsatz bei Transkription und Herausgabe des Briefes und der Urkunden. Der Arbeitsgruppe «Dekade» und ihrer Präsidentin, Kirchenrätin Jeanne Pestalozzi, danke ich für die Begleitung des Vorhabens, Kirchenratspräsident Pfr. Ruedi Reich für seine aktive Unterstützung, Prof. Dr. Alfred Schindler für seine fachliche Beratung und den Archivarinnen und Archivaren von Staats- und Stadtarchiv, besonders Frau Dr. Barbara Schnetzler und Frau Marlis Stähli M.A., für ihre Bemühungen.

Wer war Katharina von Zimmern wirklich? Einige Antworten haben wir gefunden, vieles bleibt Spekulation und hat darum hier keinen Platz. Sicher ist, dass die Geschichtsschreiber die Äbtissin nach ihrer Heirat als Ehefrau nicht mehr wahrgenommen haben. Bei der Beurteilung der Malereien im Oberhof zu Diessenhofen, die genau in dem Jahr geschaffen wurden, als das Ehepaar Reischach im Städtchen einzog, wird ihr Mann als möglicher Auftraggeber in Betracht gezogen, sie, die Kunstkennerin, die in Zürich grosse Aufträge vergeben hat, wird nicht erwähnt. So kam es auch niemandem in den Sinn, die vornehme Frau im Mittelpunkt des Bildes könnte ein Porträt der ehemaligen Äbtissin sein, parallel zu den vielen Reformatorenporträts, die man in Stein am Rhein zu erkennen glaubte und die zur selben Zeit entstanden sind. Wir haben von ihr kein Bild gefunden.

Immerhin: In Zürcher Dokumenten, in denen Katharina nach 1524 irgend eines Geschäftes wegen erwähnt werden musste, als sie zum Beispiel um 1540, schon einige Zeit verwitwet, am Neumarkt das Haus «Zum Mohrenkopf» kaufte, ist sie wieder zu finden. Und sie heisst hier Zeit ihres Lebens «die Äbtissin». Für die Zürcher ist sie es geblieben. Für die Zürcherinnen könnte sie es wieder werden, in einem übertragenen Sinn, den es noch zu finden gilt.

Einleitung

BARBARA HELBLING

Katharina von Zimmern war ungefähr 13 Jahre alt, als sie – wahrscheinlich im Jahr 1491 – mit ihrer älteren Schwester Anna zusammen ins Fraumünsterstift in Zürich eintrat. Hier, in der Abtei und später als Bürgerin der Stadt, verbrachte sie den grössten Teil ihres Lebens. Nur von 1525 bis 1529, nach der Aufhebung der Abtei und ihrer Heirat mit Eberhard von Reischach, lebte sie mit ihrem Mann während fünf Jahren in Schaffhausen und Diessenhofen. Als Fürstäbtissin des Fraumünsters war sie nominell noch Stadtherrin, wenn auch fast alle alten Herrschaftsrechte der Abtei schon längst an die Stadt übergegangen waren. Die Stadt Zürich, ihr politisches und kirchliches Umfeld, war bestimmend für ihre Lebensgeschichte.

Die Töchter von Zimmern stammten aus süddeutschem Hochadel, einer Gesellschaftsschicht, aus der sich seit der Gründung der Abtei die Stiftsdamen des Fraumünsters rekrutierten. Froben von Zimmern, ein Neffe der Äbtissin, hat eine Familienchronik verfasst: in unserem Zusammenhang eine höchst anschauliche und aufschlussreiche Quelle, die Roswith Günter ihren Beiträgen zugrunde legt. Die Chronik zeigt die feudalen Denkmuster dieser Kreise, ihr Interesse an Familienpolitik, Allianzen und Fehden mit Gleichgestellten und an einem ritterlichen Lebensstil, den man sich in der veränderten Welt am Ende des 15. Jahrhunderts im Grunde nicht mehr leisten konnte. Bei ihrer Ankunft in Zürich wurden die beiden adeligen Fräulein mit der völlig anderen Mentalität einer bürgerlichen Gesellschaft in der aufstrebenden spätmittelalterlichen Stadt konfrontiert.

Zürich, die reichsfreie Handelsstadt und ein Vorort der Eidgenossenschaft, stand innen- und aussenpolitisch mitten in einem komplizierten politischen Kräftespiel. Mehr als hundert Jahre zurück lag der Umsturz in der Stadt, in dem 1336 Ritter Rudolf

Brun im Bund mit den Handwerkszünften die Familien des Stadtadels und der reichen Kaufleute aus der Regierung verdrängt hatte. Bürgermeister Brun hatte darauf geachtet, seine persönliche Machtstellung durch Bündnisse zu festigen, die er gleichzeitig mit den Eidgenossen und mit den Habsburgern abschloss. Die Versuche, sich nach zwei Seiten hin abzusichern, blieben während längerer Zeit ein Merkmal der Zürcher Politik. Als der Streit um das Erbe des letzten Grafen von Toggenburg 1436 zum Krieg mit Schwyz eskalierte, hatte Zürich das Bündnis mit Österreich noch einmal erneuert. Inzwischen hatte sich jedoch das Gefühl der Zusammengehörigkeit zwischen den Orten der Eidgenossenschaft so gefestigt, dass die andern Bündnispartner, unter ihnen auch Bern, dieses Ausscheren Zürichs als Verrat empfanden.

In den folgenden Kämpfen und Raubzügen erlitt die Zürcher Landschaft schwere Verwüstungen. Erst nach dem Sieg der Innerschweizer über die Stadt wurde der Bund mit den Eidgenossen für Zürich zur engsten aussenpolitischen Verpflichtung und die Bindung an Österreich definitiv aufgegeben. Die eidgenössische Auseinandersetzung mit Herzog Karl dem Kühnen von Burgund (1475–77) stand unter der Führung Berns, doch brachte sie auch Zürich und vor allem dem Zürcher Anführer Hans Waldmann Prestigegewinn. Den letzten Krieg vor 1500 erlebte Katharina von Zimmern schon als Äbtissin der Fraumünsterabtei: Er brachte 1499 die faktische Loslösung der Eidgenossenschaft vom Reichsverband und wird, je nach Blickwinkel, Schwaben- oder Schweizerkrieg genannt.

Das lange Schwanken Zürichs zwischen Reich und Eidgenossenschaft war mitbedingt durch die beiden Parteien in der Stadtbevölkerung. Einige alte Patrizierfamilien waren nach dem Brun'schen Umsturz auf österreichischen Boden nach Rapperswil geflohen, andere Angehörige des Stadtadels konnten in der Stadt bleiben und hatten weiterhin Einfluss. Ihre Namen tauchen unter den Chorherren des Grossmünsters, des vornehmsten Stifts der Stadt, und in der Gesellschaft zur Constaffel auf. Mit den Eidgenossen sympathisierten dagegen hauptsächlich die

Handwerker, welche die weniger vermögenden bürgerlichen Mittelschichten bildeten.

Wie andere Städte innerhalb der Eidgenossenschaft und in Süddeutschland konnte Zürich im 14. und 15. Jahrhundert seine Herrschaft über die umliegende Landschaft systematisch ausbauen. Zum Teil gelang es den Eidgenossen gemeinsam, habsburgische Gebiete zu erobern – 1415 den Aargau und 1460 den Thurgau. Noch öfter konnte die Stadt Herrschaftsrechte über einzelne Dörfer und Ländereien den bisherigen Besitzern abkaufen: meist Vertretern der lokalen Adelsgeschlechter, die ohne direkten Rückhalt im Dienst einer mächtigen Familie mit ihrem Lebensstil in grosse finanzielle Schwierigkeiten gerieten.

Über diese Besitzungen rund um Zürich, die im Umfang dem heutigen Kantonsgebiet entsprachen, übten von der Stadt eingesetzte Landvögte die Herrschaftsrechte aus, wie es ihre adeligen Vorgänger getan hatten. Oft erregten sie auf der Landschaft kräftigen Unwillen mit der Tendenz, in autoritärem Regierungsstil die Verwaltung zu perfektionieren und neben den Zehnten und anderen Steuern auch neue Auflagen einzuführen. Weil vor allem die Dörfer am oberen Zürichsee die freien Bauern der Innerschweiz vor Augen hatten, reagierten sie empfindlich auf Einschränkungen ihrer Rechte. So mussten die Stadtbehörden oft vorsichtig lavieren zwischen obrigkeitlicher Machtdemonstration und Rücksicht auf die sich entwickelnden Gemeindeorganisationen, die in strittigen Fragen vorsorglich konsultiert wurden.

In das städtische Leben und Herrschaftssystem waren die Kirchen und Klöster von Zürich eingebunden. Die Erinnerung an die ursprüngliche Bedeutung der Abtei, wie das Fraumünster kurz genannt wurde, war noch lebendig; wesentlich mehr Einfluss hatte jedoch das Chorherrenstift Grossmünster. Die Chorherrenstellen waren mit einträglichen Pfründen dotiert, für die eine Warteliste bestand. Einer Wahl mussten der Konvent der Chorherren und der Rat der Stadt zustimmen. So kamen nur Geistliche aus angesehenen Geschlechtern in Frage, und die Verbindungen zur Obrigkeit waren entsprechend eng. Die dritte Stadtkirche, an sich die älteste, war St. Peter.

Seit dem 13. Jahrhundert hatten die Bettelorden in Zürich ihre Niederlassungen aufgebaut: Während wenigen Jahrzehnten waren damals innerhalb der Stadtmauern vier grosse Klöster – die drei Männerklöster der Prediger (Dominikaner), Barfüsser (Franziskaner) und Augustiner, sowie das Frauenkloster Oetenbach – entstanden. Sie kümmerten sich aktiv um die Bedürfnisse der Bevölkerung aller sozialen Schichten und pflegten Volkspredigt und Seelsorge. Vor allem standen sie für den Totendienst zur Verfügung und übernahmen das regelmässige Lesen von Messen für das Seelenheil der Verstorbenen. Damit gerieten sie in Konkurrenz zu den Priestern der Stadtkirchen. Dank Schenkungen und Vermächtnissen mehrte sich der Grundbesitz der Bettelorden in so grossem Mass, dass die Obrigkeit einschritt und weitere Legate verbot. Im Stadtleben spielten die Brüder bis zur Reformation eine wichtige Rolle. So wandte sich der Zorn der Reformatoren in erster Linie gegen sie: gegen ihren geistigen Einfluss auf die Bevölkerung und ihre steuerfreien Güter, die bei einer immer wirtschaftlicher denkenden Obrigkeit als Besitz der «toten Hand» Begehrlichkeit weckten.

Katharina von Zimmern kam in einer politisch sehr bewegten Zeit nach Zürich. Der Sturz des Bürgermeisters Hans Waldmann lag nur drei Jahre zurück. Er hatte wie ein Katalysator für die verschiedenen Spannungen in- und ausserhalb der Stadt gewirkt: Als junger Mann war er mehrfach in Raufhändel und Messerstechereien verwickelt, machte sich dann einen Namen als Söldnerführer in Oberitalien und Kommandant in der Schlacht bei Murten. Den sozialen Aufstieg bis zum Bürgermeisteramt schaffte er dank seinen militärischen Fähigkeiten und einigen erfolgreichen diplomatischen Missionen im Auftrag der Stadt. Unter den alten Ratsfamilien hatte er jedoch von Anfang an Feinde. Ihm schwebte wohl die Stellung eines Stadtfürsten vor, wie er sie in Italien kennengelernt hatte. Den Bürgern auferlegte er strenge Sittenmandate, an die er sich persönlich nicht hielt; gegen seine privaten Feinde ging er rücksichtslos und gesetzwidrig vor – womit er allerdings in seiner Zeit nicht allein stand. Der verschärfte Steuerdruck auf die Landschaft und schliesslich der Befehl, die grossen Bauernhunde abzutun, brachten den Tumult zum Ausbruch. Die Bauern zogen bewaffnet in die Stadt, und auch den vermittelnden Gesandten der Eidgenossen gelang es nicht, die Revolte der Landleute zu beschwichtigen. Der Rat der Stadt opferte den Bürgermeister; Waldmann wurde am 6. April 1489 hingerichtet. Diese Ereignisse hatten die Bürgerschaft tief aufgewühlt und wirkten in den folgenden Jahren nach: Die Obrigkeit hatte erkennen müssen, dass ihrem Einfluss auf die Landschaft Grenzen gesetzt war und dass sie zwar Gesetze erlassen konnte, ihre Machtmittel bei der Durchsetzung aber beschränkt waren. Für die zukünftige Äbtissin hiess dies vor allem, dass sie als Mitverantwortliche für den grossen Güterbesitz der Abtei mit ihren Lehensleuten auf der Landschaft behutsam umgehen musste.

Als Zürich an der Seite der Eidgenossen im Jahr 1499 am Schwabenkrieg beteiligt war, betraf dies Katharina von Zimmern auch persönlich, weil auf der Gegenseite beim Schwäbischen Bund zwei ihrer Brüder mitkämpften. Es folgten die Jahre der italienischen Feldzüge und parallel dazu die ersten an den Tagsatzungen heftig aufflammenden Diskussionen, mit welchen Mächten die Orte der Eidgenossenschaft Soldbündnisse abschliessen dürften, oder ob das Reislaufen ganz verboten werden sollte. Dabei überkreuzten sich die verschiedensten Interessen, denn mancher einflussreiche Ratsherr, Schultheiss oder Bürgermeister empfing «Pensionen» von den an Schweizer Söldnern interessierten Herren.

Wie Katharina sich zu all diesen Ereignissen stellte, wissen wir nicht. Auf den Unterschied zwischen ihrem familiären Hintergrund und dem Kaufmannsgeist, der die zürcherische Obrigkeit und ihre Politik prägte, wurde schon hingewiesen. Näher dürfte sie den Gebildeten unter den Chorherren gestanden haben, die ähnlich wie ihr Vater humanistische und künstlerische Interessen hatten. In welcher Weise sie selbst auch Sinn für Repräsentation hatte, zeigen die Dekorationen, die sie in den neugebauten Räumen der Abtei anbringen liess. Sie konnte nur kurze Zeit in ihnen wohnen. Zu den Ereignissen der Reformationsjahre 1523/24 sind von ihr keine Kommentare erhalten ausser der Abdankungsurkunde und einer Erklärung zu ihrem Verzicht, die sie wenige Tage zuvor dem Rat der Stadt zukommen liess. Sie zählen zu den wichtigsten unter den wenigen Dokumenten, in denen sie selbst sich äussert; entsprechend genau werden sie daher in diesem Buch aus juristischer und geistesgeschichtlicher Sicht beleuchtet.

Herkunft und Jugend
ROSWITH GÜNTER

Spurensuche

Vor etwas mehr als 450 Jahren hat Katharina von Zimmern im Alter von fast 70 Jahren ihr bewegtes Leben beendet. Die Institution des Fraumünsters, der sie über ein Vierteljahrhundert als Äbtissin vorstand, endete als königliche Stiftung in den Stürmen der Reformation und blieb doch in gewandelter Form bis zum heutigen Tag erhalten. So könnte man sich der Hoffnung hingeben, dass die Spuren dieser bedeutenden Frau sich nicht im Wehen der Jahrhunderte verloren hätten. Da lagern die Akten immer noch in den Archiven, werden von Zeit zu Zeit hervorgeholt und untersucht. Die Institution als solche ist hinlänglich erforscht worden, Aufstieg und Niedergang wurden dokumentiert. Ihre Person aber blieb recht blass. Nicht dass ihr Wirken einfach übergangen worden wäre. Was aber zumeist Gegenstand der gelehrten Forschung war, blieb auf ihre Amtstätigkeit beschränkt, verziert mit einigen wenigen Angaben über ihre Herkunft und – noch spärlicher – über ihr Leben nach der Aufgabe der Abtei.

Dieser Tatbestand ist umso bedauerlicher, als für den ersten Lebensabschnitt, d.h. die Jahre bis zum Eintritt Katharinas in das Fraumünster, eine reiche, bislang wenig beachtete Quelle vorliegt, die ‹Chronik derer von Zimmern›[1], eine umfangreiche Darstellung der Geschichte dieser Adelsfamilie, nicht etwa von einem bestellten Hofhistoriographen erstellt, sondern vom Chef des Hauses selbst. Froben Christoph von Zimmern (1519–1566) hatte sich entgegen den Gewohnheiten seiner Vorväter nicht in den Dienst eines bedeutenden Territorialherrn begeben, sondern sich bemüht, die ererbte Herrschaft zu verwalten, sie zu mehren, seinen Rang innerhalb des Adels zu sichern und zu erhöhen. In reichem Umfang sind ihm die Kenntnisse seines am Reichskammergericht in Speyer tätigen Onkels zugute gekommen, der seinerseits nicht nur juristische, sondern historische Interessen hegte und als Autor besonders genealogischer Werke hervortrat. Wann Froben Christoph seine Arbeit an der Chronik begann, ist nicht sicher anzugeben. Die zahlreichen handschriftlichen Zusätze und Einschübe in den beiden erhaltenen Handschriften zeigen jedoch, dass er sie nicht zur ‹Druckreife› bringen konnte. Sein früher Tod im Alter von erst 47 Jahren nahm ihm die Feder aus der Hand. Mit Recht erwartet man von ihm Nachrichten über das Leben der Katharina von Zimmern, seiner Tante, die eine ältere Schwester seines Vaters Johann Werner von Zimmern gewesen war. Der Verfasser der Chronik war fast dreissigjährig, als seine Tante in Zürich starb. Von seinem Vater und vor allem von seinem Onkel Gottfried Werner konnte er ausreichend Material erhalten, um ihren Lebensweg, soweit es die Absicht der Chronik erlaubte, nachzuzeichnen.

Gewiss ist nicht immer Verlass auf die Angaben, vor allem Jahreszahlen müssen aus anderen Dokumenten gelegentlich revidiert werden, aber Herkunft und Haltung der Adelsfamilie sind in unnachahmlicher Weise von ihm getroffen. So dürfen wir in diesen Bereichen uns durchaus auf den Grundtenor seines Werkes stützen. Zu beachten bleibt jedoch, dass es nicht Ziel der Chronik war, Biographien der einzelnen Vertreter des zimmerischen Geschlechts zu schreiben, sondern sie so in den Lauf der Gesamtgeschichte einzuordnen, wie es ihrer jeweiligen Bedeutung entsprach. Dass der Chronist dabei nicht nur die Geschichte der adligen Herren nachzeichnete, sondern sich in einzelnen Fällen durchaus auch mit den Lebensumständen ihrer Frauen befasste, ist für uns ein besonderer Glücksfall, wenn wir uns dem Leben der Katharina von Zimmern, seiner Tante zuwenden wollen.

Die Heimat

Die Vorfahren Katharinas von Zimmern von Vaterseite her waren ursprünglich am oberen Neckar beheimatet, wo die Reste ihrer Stammburg Herrenzimmern noch heute trotz der dichten Bewaldung des Burgberges vom Tal aus zu sehen sind.

Froben Christoph von Zimmern hat sich bei der Abfassung der Geschichte seines Geschlechts, den Vorstellungen seiner Zeit und seiner Gesellschaftsschicht folgend, verbunden mit einer vom Geist des Humanismus geprägten Bildung, eifrig bemüht, zu Beginn seines Werkes das Alter seiner Familie möglichst weit in die Vergangenheit zurückzuverfolgen, um dadurch das Ansehen der Familie zu erhöhen. Den Namen des Geschlechts der Zimbern, wie er zumeist schreibt, führt er auf die Kimbern oder Cimbri zurück, die im Jahre 101 v. Chr. von den Römern in der Schlacht bei Vercellae besiegt wurden. Der Ahnherr der Familie sei der Anführer jener Schar gewesen, die sich nach der Niederlage nach Germanien zurückgezogen und am oberen Neckar niedergelassen habe.

Das Konstruierte dieser frühen Familiengeschichte liegt auf der Hand. Die etymologische Ableitung des Familiennamens von einem germanischen Volksstamm, der aus der antiken historischen Literatur wohl bekannt war, sollte die Belesenheit des Chronisten dokumentieren und mit dem hohen Alter auch den Rang des Geschlechts betonen. Gleichzeitig weist der Verfasser schon hier auf das hin, was ihm sehr am Herzen liegt und sich wie ein roter Faden durch die Chronik zieht: auf die Zugehörigkeit seiner Familie zum hohen Adel. Katharinas Brüder, Gottfried Werner (1484–1554) und Wilhelm Werner (1485–1575) bemühten sich denn auch, der geänderten Einschätzung der Freiherrenwürde in ihrer Generation Rechnung tragend, beim Kaiser um eine Standeserhöhung, die ihnen Kaiser Karl V. 1538 mit der Erhebung in den Grafenstand gewährte.

Für die Entwicklung des freiherrlichen Geschlechts derer von Zimmern war von massgeblicher Bedeutung, dass es Werner von Zimmern (1289–1384) gelang, durch die Heirat mit Anna von Waldburg-Rohrdorf eine zweite Herrschaft im Gebiet zwischen Donau und Bodensee zu gewinnen. In ihrem Mittelpunkt, dem kleinen Städtchen Messkirch, bauten sich die Herren von Zimmern ein Schloss; die Pfarrkirche diente von nun an als Grablege für die verstorbenen Angehörigen des Geschlechtes. Im Gebiet um die Stammburg Herrenzimmern, in der ‹Herrschaft vor Wald› (d. h. östlich vor dem Schwarzwald), dienten die stattliche Burg und das Schloss in Seedorf der Familie als Wohnsitz; ebenso gehörte zu dem städtischen Mittelpunkt mit Schloss in Messkirch ein fester Platz, die bis heute in ihrer vollen Größe erhaltene Burg Wildenstein hoch über dem Donautal; von der später erworbenen Burg Falkenstein, ebenfalls im Donautal gelegen, sind heute nur noch spärliche Spuren zu sehen.

In der freiherrlichen Familie war es üblich, dass die Söhne den ererbten Besitz unter sich teilten. Söhne, die eine geistliche Laufbahn einschlugen, und alle Töchter, gleichgültig, ob sie verheiratet wurden oder in ein Kloster eintraten, hatten einen Erbverzicht zu leisten und wurden dafür mit Geld oder geldwertigem Grundbesitz abgefunden. So hatte Katharinas Grossvater Werner von Zimmern († 1483) neben der Herrschaft vor Wald die Herrschaft Messkirch übernommen, sein Sohn Johann Werner d. Ä., Katharinas Vater, folgte ihm in Messkirch. Die Herrschaft vor Wald mit der Stammburg Herrenzimmern ging an Werners Bruder Gottfried von Zimmern († 1508).

Messkirch war also die Heimat, wo Katharina von Zimmern geboren wurde und ihre Kinderjahre verbrachte, bis das Unglück ihres Vaters die Familie im Jahr 1488 aus der Stadt vertrieb. Zusammen mit der Mutter und den Geschwistern weilte sie für kurze Zeit in Seedorf, bis die Familie eine Zuflucht in der Schweiz fand.

Der Vater

Johann Werner von Zimmern der Ältere war der einzige Nachkomme aus der Ehe Werners von Zimmern und seiner Gemahlin Anna von Kirchberg. Sein Geburtsjahr – um 1455 – ist nicht

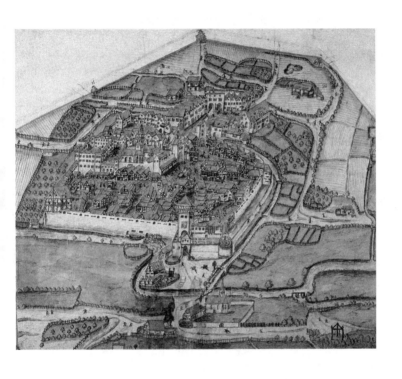

Messkirch, Stadtansicht von 1575.
Das Schloss war im Besitz der Familie von Zimmern.
Katharina verbrachte hier ihre Kindheit.

sicher überliefert. Er war ein spätgeborenes Kind aus dieser bereits 1444 geschlossenen Ehe, und es ist verständlich, dass der Vater mit Eifer und Sorge über das Wohlergehen seines einzigen Kindes und Erben wachte. Werner von Zimmern stand im Dienst des Herzogs Sigmund von Tirol. An verschiedenen Orten als Vertreter des Herzogs tätig, wurde er schliesslich als Vogt in Bregenz eingesetzt und gab, als er sich altershalber nach Messkirch zurückzog, dieses Amt an seinen Sohn weiter. Er konnte nicht ahnen, dass es gerade diese gutgemeinte Versorgung war, die nachher dem Sohn zum Unheil ausschlagen sollte.

Schon als Kind hatte Johann Werner erfahren, dass das Leben eines kleinen, wenn auch dem hohen Adel angehörigen Herrn bestimmt wurde von den Diensten, die er einem Mächtigeren leisten musste, sei es im Krieg, in der Verwaltung oder in diplomatischer Mission, wenn er den Unterhalt seiner Familie sichern wollte. Denn die Einkünfte aus dem ererbten Grundbesitz reichten dafür nicht aus, besonders dann nicht, wenn sich der ohnehin kleine Besitz durch Erbteilung noch weiter verringerte. Häufige Wechsel des Wohn- und Dienstsitzes waren damit vorgegeben, ebenso lange Zeiten der Abwesenheit des Vaters von der Familie.

Die Zimmerische Chronik ist die wichtigste Quelle für das Leben und die Persönlichkeit Johann Werners.[2] Daneben hat sich sein ungewöhnliches Schicksal in einer Fülle von Akten niedergeschlagen, die in dem Werk von Friedrich Hegi über die geächteten Räte des Herzogs Sigmund ausgewertet worden sind.[3] Der Chronist erzählt in einem ausführlichen Kapitel «Wie herr Johanns Wörnher freiherr von Zimbern auferzogen»[4] wurde: Der Vater habe «allen fleis fürgewendet», dem Sohn, auf dem sein Geschlecht ruhte, eine gute Erziehung zu geben; er wurde auf die «hochen schuolen» Freiburg im Breisgau und Wien geschickt und dort mit «gelerten und erfarnen preceptorn und zuchtmaistern versehen, die in [d.h. ihn] fürtreffenlich in moribus und in der lere erzogen haben». Auf diese Schulung in ritterlichem Benehmen und Religion folgten zwei Jahre an der Universität Bologna, «daselbst er die welsch sprach zimlichen ergriffen, in astronomia, geometria und andern künsten, die man ciclicas oder mathematicas nempt, hat er fürbindig [d.h. ausgezeichnet] gestudiert», so dass ihm darin keiner seiner Standesgenossen in Deutschland gleichgekommen sei. In beiden Rechten sei er «genugsam erfaren gewesen, die poeten und alten historien hat er gewist», von denen er auch etliche zu seiner Kurzweil ins Deutsche übersetzt habe. Zu allen «haimlichen, verborgnen künsten» habe er sich hingezogen gefühlt. Dank seinem fleissigen Studium konnte er vortrefflich reden und schreiben, seine Schriften – wohl Rechtsschriften – selber verfassen und «auch mundtlich fürtragen». Zu all dem war er ein «solcher musicus», dass er auf allen Instrumenten «nit wenig, sonder hoch erfaren und geiebt» war. Er konnte auch gereimte Gedichte verfassen und pflegte seinen Verwandten und Bekannten «gerimpte» Briefe zu schreiben. Vor allem habe er «zu schönen büechern ain grossen lust gehabt und vil gelesen». Weil aber zu seiner Zeit der Buchdruck erst aufgekommen und die neue Erfindung noch nicht so erfolgreich gewesen sei, habe er von einem Schreiber viele Bücher abschreiben lassen, so dass er schliesslich «ein zimliche liberei zu wegen pracht» habe. «Etliche autores und historicos hat er selbs ausser latein ins deutsch transferiert».

Zur schulischen und universitären Ausbildung, Sprachstudien, Beschäftigung mit der Literatur fügten sich die Leidenschaft für Jagd und Spiel, für Turniere und schöne Pferde, die ihn neben den Ausgaben für ein standesgemässes höfisches Leben nicht selten in Geldschwierigkeiten brachten, denen er Abhilfe schuf durch Anleihen bei seinem Onkel Gottfried in Seedorf, da sein Vater allzugrosse Extravaganzen nicht zu bezahlen bereit war. Mit der Neigung zu magischen Praktiken folgte er dem Zeitgeist, Geld haben sie ihn nur gekostet, aber keines eingebracht. Obwohl – nach den Schilderungen des Chronisten – Urbild eines adligen Mannes und als solcher von seinem Vater erzogen, waren es, neben den für die Herren von Zimmern typischen Neigungen zu Leichtsinn, albernen Spässen und verrückten Einfällen, die «saumnus und liederligkait in eignen sachen», die ihm den Groll des Vaters eintrugen, heftige Auseindersetzungen provozierten, die sich zu tätlichen Angriffen des Sohnes auf den Vater steigerten. Um ihnen aus dem Weg zu gehen, unternahm er mit anderen adligen Standesgenossen 1483 eine Pilgerfahrt nach Jerusalem, um dort am heiligen Grab den Ritterschlag zu empfangen. Seinen adligen Reisegefährten diente er als Dolmetscher und Cicerone in Venedig; er war der einzige von ihnen, der Latein verstand und sprach, und er präsentierte, wie das bei derartigen Reisegesellschaften üblich war, seine Gruppe dem Dogen von Venedig. Der geistliche Begleiter der Gesellschaft, der Dominikaner Felix Fabri aus Ulm, sagt von ihm, er sei ein «stattlicher und gescheiter Mann, elegant, des Lateinischen mächtig» gewesen, und bestätigt damit die Charakterisierung des Chronisten.[5]

Bei der Rückkehr aus dem Heiligen Land war der Vater gestorben, der Sohn konnte nun die Herrschaft antreten. Zuvor hatte der Vater dafür gesorgt, dass er durch eine standesgemässe Heirat in die Lage versetzt wurde, den Fortbestand des Geschlechts zu sichern. Im Jahre 1474 hatte Johannes Werner, der Wahl und dem Wunsch seines Vaters folgend, in Ravensburg Margarethe von Öttingen geheiratet, die dort bei ihrer mit dem Truchsessen Johannes von Waldburg verheirateten Schwester aufgewachsen war. Der Bräutigam war knapp 20 Jahre alt, die Braut erst 16. Die Jungvermählten zogen nach Bregenz, dem damaligen Dienstort Werners von Zimmern, der seinem Sohn die Nachfolge im Amt eines Rates des Herzogs Sigmund von Tirol sichern wollte. Dank dem Einfluss des Vaters, sowie seiner eigenen Begabung und Ausbildung wurde der junge Edelmann in den Kreis der Räte des Herzogs aufgenommen. Damit war sein weiterer Lebensweg bestimmt.

Schon im heimatlichen Messkirch hatte es nicht an Spannungen zwischen den Zimmern und den Grafen von Werdenberg gefehlt, die im nahen Sigmaringen ihren Sitz hatten und von dort aus auf Kosten der Nachbarn ihr Herrschaftsgebiet auszuweiten versuchten. Trotz der nahen Verwandtschaft hatte vor allem Haug von Werdenberg ein Auge auf die Herrschaft Messkirch geworfen und strebte mit allen Mitteln danach, sie in seinen

Besitz zu bekommen. Nichts konnte ihm dabei gelegener kommen als der Konflikt, der zwischen seinem Dienstherrn Kaiser Friedrich III. und dem Herzog Sigmund von Tirol ausgebrochen war. Bei diesem Streit ging es um die Frage, wer nach Sigmunds Tod die Herrschaft Tirol übernehmen sollte. Herzog Sigmund hatte keine erbberechtigten Nachkommen, weshalb der Kaiser als nächster Verwandter aus der habsburgischen Familie Anspruch auf das Erbe erhob, um es seinem Sohn Maximilian, dem späteren Kaiser, zu vererben. Herzog Albrecht IV. von Bayern dagegen konnte Sigmund dafür gewinnen, ihm die Herrschaft Tirol testamentarisch zu vermachen. Die Räte Herzog Sigmunds, unter ihnen Johann Werner von Zimmern, unterstützten nach Kräften diese Politik. Sie vertieften noch das Zerwürfnis zwischen Kaiser und Herzog, als sie 1487 Kunigunde, der Tochter des Kaisers, dabei halfen, gegen den Willen ihres Vaters den bayerischen Herzog zu heiraten. Hier setzte Haug von Werdenberg an. Als enger Vertrauter des Kaisers gelang es ihm, diesen davon zu überzeugen, dass Herzog Sigmund und vor allem seine Räte ihm nicht nur das tirolische Erbe streitig machen wollten, sondern ihm sogar nach dem Leben trachteten. Sein Insistieren hatte Erfolg. Im Jahr 1488 wurden die herzoglichen Räte in die Acht erklärt, ihr Besitz konfisziert.

Haug von Werdenberg erhielt als Lohn die Herrschaft Messkirch; später sollte er auch Oberndorf erhalten. Vergebens hatte Johann Werner kurz vor dem Urteilsspruch versucht, seinen Kindern das Erbe und damit die Grundlage für ihren Lebensunterhalt zu sichern, indem er sie vor dem kaiserlichen Hofgericht in Rottweil als Erben einsetzen liess und wegen ihrer Minderjährigkeit seinem Onkel Gottfried von Zimmern die Vormundschaft übertrug. Er selbst musste das Gebiet des Reichs verlassen und suchte Zuflucht bei Freunden in der Eidgenossenschaft. Zurück liess er seine Frau, seine acht Kinder und den unehelichen Sohn Hensle, der zusammen mit den legitimen Kindern aufwuchs und erzogen wurde. Haug von Werdenberg setzte seine Ansprüche rücksichtslos durch. Als Margarethe von Öttingen vergebens versuchte, ihre Vertreibung aus dem Schloss dadurch zu verhindern, dass sie die Türen zu dem Frauengemach versperrte, ließ er diese durch seine Leute aufbrechen und den gesamten Hausrat, Betten, Leintücher und Truhen, «zu den fenstern und läden über die mauren in den schlosgarten» werfen. Auf ihr Bitten erwiderte er nur zynisch, was sie denn noch im Schloss wolle, ob sie vielleicht auf dem Boden liegen wolle. Wenn sie nicht weiche, werde er sie durch seine Diener auf einem Sessel aus dem Schloss tragen lassen. Die Untertanen liess er den Huldigungseid auf sich schwören, was diese nur unter Androhung von Gewalt taten.[6]

Die letzten Lebensjahre Johann Werners von Zimmern waren erfüllt von ebenso zahlreichen wie vergeblichen Versuchen, den Kaiser von seiner Unschuld zu überzeugen, begnadigt zu werden und seinen Besitz zurückzuerhalten. Durch Vermittlung von Freunden fand er Aufnahme in dem kleinen Ort Weesen am Walensee; dort fanden sich auch die anderen geächteten Räte aus der Innsbrucker Zeit ein, um ihre Rehabilitation zu betreiben. Doch weder der bayerische Herzog, der an dem Unglück nicht unschuldig war, noch der Papst, bei dem der Geächtete einen letzten verzweifelten Versuch unternahm, waren in der Lage, vielleicht auch nicht willens, dem Bedrängten zu helfen. Immerhin nahm ihn trotz der Acht Herzog Albrecht an seinem Hof in München auf. Als dort, wie in der Chronik berichtet wird[7], ein grosses Landsterben ausbrach, wurde auch Johann Werner von der Krankheit ergriffen. Er war zwar dem Hof gefolgt, der München verlassen hatte und von einem Jagdhaus zum andern zog; doch war er aus unerfindlichen Gründen einmal nach München geritten und hatte sich dort angesteckt. Kurz vor seinem Tod diktierte er einem Diener seinen letzten Willen. Nach seinem Tod liess ihn Herzog Albrecht nicht, wie er es gewünscht hatte, im Barfüsserkloster in München, sondern im Kloster Andechs begraben. Sein Grab ist verschollen.

Aus einem Brief[8] an seine Tochter Katharina geht hervor, dass er ihre Wahl zur Äbtissin des Fraumünsters im Jahr 1496 noch erlebt haben muss; er ist also wohl kurz danach im Januar dieses Jahres und nicht schon 1495, wie die Chronik berichtet, gestorben.

Er hinterliess seine Frau Margarethe von Öttingen, seine acht Kinder, von denen das jüngste, Wilhelm Werner, gerade zehn Jahre alt war, und einen Berg von Schulden. Über das Verhältnis zu seiner Frau und seinen Kindern erfahren wir aus der Chronik nur sehr wenig. Sicher unternahm er, soviel ihm als Geächtetem möglich war, um den Kindern eine Versorgung zu sichern. Das gilt zum mindesten für seine beiden ältesten Töchter Anna und Katharina, die nicht ohne sein Zutun und seine Beziehungen in die Fraumünsterabtei aufgenommen wurden. Wie weit sich der Einfluss seiner Persönlichkeit, seines Charakters und Wesens, seiner profunden Bildung und Lebensart auf seine Kinder auswirkte, davon zu berichten lag nicht in der Absicht, wohl auch nicht in den Möglichkeiten des Chronisten. Auch ist nicht auszumachen, wie sie den «unfal» des Vaters persönlich aufgenommen und verarbeitet haben. Die einschneidenden Folgen der Acht auf das Familienleben bekamen sie sofort zu spüren. Die Last der Versorgung der grossen Familie lag nun in der Hauptsache auf der Mutter, Margarethe von Öttingen.

Die Mutter

Kaum einer Frau aus dem ganzen Geschlecht der Zimmern hat der Chronist so viele Zeilen gewidmet wie seiner Grossmutter Margarethe von Öttingen, der Gemahlin Johann Werners von Zimmern und Mutter der Katharina von Zimmern. Das Register der Herrmann'schen Ausgabe der Chronik führt mehr als vierzig Stellen auf, an denen sie erwähnt oder ausführlich von ihr berichtet wird. Der Chronist selbst war gerade zwölf Jahre alt, als seine Grossmutter starb. Es ist unwahrscheinlich, dass er sie persönlich kennenlernen konnte. Denn er war bei seiner Grossmutter mütterlicherseits auf Schloss Mespelbrunn im Spessart zur Welt gekommen und dort bis zu seinem zwölften Lebensjahr erzogen worden. Vergleicht man aber seine Darstellung ihres Lebens mit der anderer Frauen der Familie, so muss nicht nur ihr aussergewöhnliches Schicksal, sondern auch ihre Persönlichkeit beim Autor einen besonders tiefen Eindruck hinterlassen haben.

Margarethe von Öttingen wurde um 1458 geboren als Tochter des Grafen Wilhelm von Öttingen und seiner Gemahlin Beatrix von Bern. Das Elternpaar hatte bereits zwei Töchter, Elisabeth (geb. 1449) und Anna (geb. 1450), die im Jahre 1464 verheiratet wurde mit Johannes d.Ä. Truchsess von Waldburg und mit ihm auf der Veitsburg bei Ravensburg lebte. Nach dem frühen Tod der Eltern – der Vater starb 1467, die Mutter war ihm bereits ein Jahr zuvor im Tod vorausgegangen – nahm Anna die achtjährige Margarethe zu sich. Diese wuchs also unter der Obhut von Schwester und Schwager in Ravensburg auf. Ihr Schwager, der Truchsess von Waldburg, war Landvogt in Schwaben und im Kreis des oberschwäbischen Adels ein mächtiger Vertreter seines Standes. Er stand in der Gunst des Kaisers, und es konnte nur von Vorteil sein, mit ihm in verwandtschaftliche Beziehungen zu treten. Als Werner von Zimmern für seinen einzigen Sohn auf Brautschau ging, fand er in Margarethe eine willkommene Schwiegertochter und ging auf die Heiratsbedingungen des Truchsessen ein, die Hochzeit des jungen Paares nicht im heimatlichen Messkirch, sondern in Ravensburg stattfinden zu lassen. Der Bericht darüber in der Chronik[9] lässt deutlich werden, dass der Truchsess an Margarethe Vaterstelle vertrat. Vor dem Landgericht zu Weingarten leistete sie im Beisein eines ihrer Brüder den üblichen Verzicht auf das väterliche und mütterliche Erbe aus Öttingen, bis auf eine Art Aussteuer, mit der sie endgültig abgefunden wurde.

Wie schon oben dargestellt, begann das junge Paar sein Familienleben in Bregenz, am Wohnort Werners von Zimmern, der als Schwiegervater ein besorgtes Auge auf die junge Frau hatte, erwartete er doch von ihr einen Stammhalter, der den Fortbestand des Geschlechts sichern konnte. Die Erwartungen des alten Herrn wurden zunächst enttäuscht, nicht, weil sich kein Nachwuchs eingestellt hätte, sondern weil erst nur Mädchen zur Welt kamen, nacheinander vier: Anna, Verena, Kunigunda und Katharina, von denen die beiden mittleren das Kindesalter nicht überlebten. Als fünftes Kind kam im Jahr 1479 der erste Sohn zur Welt, Veit Werner, dem drei Brüder, Johann

Burg Wildenstein über dem Donautal.
Fluchtort der Familie von Zimmern in Kriegs- und Pestzeiten.

Werner d. J., der Vater des Chronisten, Gottfried Werner und Wilhelm Werner, sowie die beiden Schwestern Margaretha und Barbara folgten. Der Jüngste, Wilhelm Werner, wurde 1485 geboren; das hiess für Margarethe von Öttingen zehn Schwangerschaften in elf Jahren überstehen. Aber über diese Leistung einer jungen Frau, über Last und Beschwerden, die damit verbunden waren, verliert der Chronist kein Wort; es genügt ihm, über Esslust und -unlust schwangerer Frauen zu berichten und dazu ein paar Geschichten zu erzählen. Einzig Graf Jos Niclas von Zollern, ein Freund der Familie, der bei einigen der zahlreichen Kinder die Taufpatenschaft übernahm, hatte aufrichtiges Mitleid mit der fast immer schwangeren Gräfin. Spätestens seit 1478, dem Todesjahr der Schwiegermutter Margarethes, der Gräfin Anna von Kirchberg, lebte die Familie im alten Schloss in Messkirch, wo mit ziemlicher Sicherheit im selben Jahr auch Katharina zur Welt kam. Über die Lebensumstände dort erfahren wir zunächst nichts; für Margarethe werden die folgenden Jahre bestimmt gewesen sein von der Fürsorge um die immer grösser werdende Kinderschar, um Haushalt und Hausgesinde. Ihr Mann, inzwischen bei Herzog Sigmund von Tirol am Hof zu Innsbruck tätig, war häufig abwesend; der Schwiegervater, der alte Freiherr von Zimmern, war aus Bregenz nach Messkirch zurückgekehrt, lebte aber nicht im Schloss selbst, sondern in einem Stadthaus, übte jedoch eine Art väterliche Gewalt über die Familie aus, solange der Sohn abwesend war. Zu den Sorgen, mit denen die junge Frau fertig werden musste, kam hinzu, dass das Verhältnis zwischen ihrem Mann und seinem Vater nicht das beste war. Beide waren wohl von zu unterschiedlichem Charakter, als dass sie miteinander hätten auskommen können. Um weiteren Auseinandersetzungen aus dem Weg zu gehen, hatte sich, wie bereits erwähnt, Johann Werner 1483 einer Gruppe befreundeter Adliger angeschlossen, die von April bis Oktober eine Pilgerreise ins Heilige Land unternahmen. Damit war für eine Weile der häusliche Friede gesichert. Doch in eben diesem Jahr brach eine Seuche aus, ein «landtsterben» – die Pest? –, die den alten Herrn veranlasste, sich zusammen mit Schwiegertochter und Enkelkindern auf dem Wildenstein in Sicherheit zu bringen, das einzig wirksame Mittel gegen Ansteckung, das man kannte. Nach Abklingen der Seuche kehrte die Familie nach Messkirch zurück, wo Werner von Zimmern kurz darauf starb, ohne seinen Sohn nochmals gesehen zu haben. Kurz nach seiner Beisetzung flammte die Pest nochmals auf und Margarethe suchte mit ihren Kindern erneut Zuflucht auf dem Wildenstein.

Die Rückkehr ihres Mannes von der Pilgerreise im Spätherbst des Jahres 1483 gab Hoffnung auf bessere Zeiten. Seit dem Tod des Schwiegervaters hatte Margarethe allein ohne männlichen Schutz die Verantwortung für die grosse Familie getragen; nun übernahm Johann Werner die ihm vom Vater hinterlassene Herrschaft und «sein haushaltung ist ganz herlich gewest». Angesichts seines Vermögens und weil er mit Ausnahme seines Onkels Gottfried «gar nahe ain ainziger herr seins geschlechts» gewesen sei, umgab er sich mit einer guten «anzal wolgerusten knechten und pferdten», dazu kamen «veldttrommeter und musicis» und «vil mere und kostlicher silberin credenz [d.h. silberne Trinkgefässe], dann sein herr vater sich geprauchet». Seiner Jagdlust liess er freien Lauf, beschäftigte einen Falkner «mit hochfligenden vögeln, denen er ain aignen garten, das falkengärtlin genennt, gepawen»; zwei Jäger vervollständigten die Jagdgesellschaft.[10] Ein standesgemässes Leben im Kreis einer grossen Familie als Lebensaufgabe und Erfüllung stand in Aussicht. Margarethe von Öttingen mochte glauben, die schwierigste Etappe ihres Lebens hinter sich gebracht zu haben. Sie war nun knapp 30 Jahre alt und konnte nicht ahnen, dass die folgenden vier Jahrzehnte, die ihr noch gegeben waren, weit Schwereres zu tragen brachten. Das Idyll – wenn es denn eines war – dauerte nur vier Jahre, es zerbrach an der 1488 über Johannes Werner verhängten Acht.

Damit begann für Margarethe von Öttingen ein zwanzigjähriges Wanderleben, geprägt von Mittellosigkeit, die verschärft wurde durch Abhängigkeit von wohlmeinenden Verwandten, von Hoffnung und Verzweiflung, als die Versuche, die Aufhebung der Acht zu erreichen, fehlschlugen und der frühe

Tod des erst vierzigjährigen Gatten die Zukunft weiter verdüsterte. Die Sorge um Sicherheit, Unterhalt und Erziehung ihrer Kinder blieb ihr allein aufgegeben. Noch bevor Haug von Werdenberg als Vollstrecker des kaiserlichen Urteils mit bewaffneter Hand sich der Stadt und Herrschaft bemächtigte, sorgte sie dafür, dass die wertvolleren Stücke der beweglichen Habe auf den Wildenstein gebracht wurden. Vor der bewaffneten Macht des Werdenbergers mußte sie aus dem Schloß weichen. Mit grosser Anteilnahme schildert der Chronist die Vertreibung seiner Grossmutter und der Kinder aus dem Schloss, von denen Anna, die älteste, gerade 13, der jüngste, Wilhelm Werner, drei Jahre alt war. Die Kinder konnten bei diesen bewegenden Szenen die Standhaftigkeit und Umsicht ihrer Mutter bewundern.[11] Ein halbes Jahr noch vermochte sich Margarethe in der Wohnung Gottfrieds von Zimmern in Messkirch zu halten. Ihre erste Sorge galt den beiden ältesten Söhnen, Veit Werner und Johann Werner, die sie durch eine geschickt eingefädelte Flucht über den Wildenstein nach Heidelberg an den Hof des Pfalzgrafen und Kurfürsten Philipp bringen liess, damit sie dort eine ihrem Stand entsprechende Erziehung und Ausbildung erhalten konnten. Die Mutter fürchtete, der Werdenberger könnte in seinem Hass gegen die Zimmern die beiden ältesten Söhne seines Feindes in seine Gewalt bringen und sie in den geistlichen Stand zwingen, um sich auf diese Weise für immer den Besitz der zimmerischen Güter zu sichern. Dass Margarethe von Öttingen in dieser Hinsicht die Heimtücke des Werdenbergers richtig einschätzte, lässt sich daran erkennen, dass dieser sie nun, da ihm seine Beute entwischt war, zwang, Messkirch zu verlassen. In dieser Not war es, wie später noch öfters, Gottfried von Zimmern, der Grossonkel und Vormund der Kinder, der ihr zunächst für ein halbes Jahr Zuflucht in seinem kleinen Schloss in Seedorf bot. Sie war völlig mittellos: mit der Acht war der gesamte Besitz Johann Werners mit allen Einkünften der Konfiskation verfallen; die ihr persönlich zustehenden Einkünfte zog Haug von Werdenberg an sich. Auch der Aufenthalt in Seedorf konnte nur eine vorläufige Lösung darstellen.

Weesen. Ansicht aus dem 18. Jahrhundert.
Die Familie bewohnte hier wahrscheinlich das Haus auf dem Büel,
ganz links im Bild.

Inzwischen war es dem Geächteten gelungen, mit Hilfe von Freunden im Schutz der Eidgenossenschaft in Weesen am Walensee ein neues Zuhause zu schaffen. Dorthin zog die Mutter mit den verbliebenen sechs Kindern und Johann Werners vorehelichem Sohn Hensle. Die Wohnverhältnisse in Weesen scheinen recht dürftig gewesen zu sein. Wohl war die Familie hier wieder vereint; der Vater unternahm zwar mit seinen Freunden aus der Innsbrucker Zeit viel, um die Aufhebung der Acht zu erreichen, seine finanzielle Lage blieb aber prekär und wurde durch den Versuch, Gold zu machen, nur noch schlimmer. Er war nicht in der Lage, seine Familie zu ernähren, und so blieb der Mutter nur der Weg, den sie mit der Versorgung der beiden Söhne schon beschritten hatte, nämlich sich von ihren Kindern zu trennen und sie bei befreundeten Adelsfamilien unterzubringen. Der Moment war gekommen, der die beiden ältesten Töchter Anna und Katharina nach Zürich ins Fraumünster führte. Der jüngste Sohn, Wilhelm Werner, kam zu Graf Georg von Werdenberg-Sargans auf die Burg Ortenstein in Graubünden. Um vor möglichen Nachstellungen sicher zu sein, sorgte Gottfried von Zimmern dafür, dass der Kleine durch einen Vertrauten in einer «kretzen» versteckt auf einem Säumerpferd nach Ortenstein gebracht wurde und «ward im vil dockenwerks zu ainer kurzweil in die kretzen gegeben».[12] Die mit dem Grafen und dessen Frau weitläufig verwandten Eltern hofften, dass der erbenlose Graf Wilhelm Werner seine Herrschaft vermachen könnte; doch diese Hoffnung trog, wie sich später zeigen sollte. Als der Vater von seiner erfolglosen Reise nach Rom zurückkehrte, durfte er sich seiner Schulden wegen in Weesen nicht mehr sehen lassen. Er blieb in München am Hof des bayerischen Herzogs. Auf die Nachricht von seinem Tod hin löste Margarethe von Öttingen die Wohnung in Weesen auf und kehrte zunächst mit den noch verbliebenen drei Kindern nach Seedorf zurück. Gottfried von Zimmern hatte sich erboten, die Gläubiger in Weesen zu befriedigen. Er verschaffte der Mutter und den Kindern das Burgrecht in Rottweil. Doch dauerten auch dort Not und Bedrängnis fort, sodass sie sich zu ihrer ältesten Schwester und ihrem Schwager nach Gaildorf aufmachte. Dort hielt sie sich längere Zeit auf und dort wuchsen die beiden jüngeren Töchter Margaretha und Barbara auf. Übrig blieb nur Gottfried Werner, aber auch von ihm trennte sich die Mutter; wie seine Brüder wurde er befreundeten adligen Familien überlassen. Dass die Kinder adliger Familien, vor allem die Söhne, schon in sehr jugendlichem Alter das Elternhaus verliessen, um an fremden Höfen erzogen und ausgebildet zu werden, war damals durchaus selbstverständlich und dürfte von den Betroffenen auch so empfunden worden sein. Margarethe von Öttingen hatte, früh verwaist, diese Erfahrung ja auch selbst machen müssen.

Noch immer aber war die Zeit unsteten Umherziehens nicht beendet. Nachdem Veit Werner, der älteste Sohn, von der Aussichtslosigkeit friedlicher Verhandlungen mit dem Kaiser überzeugt, im Jahr 1497 die Herrschaft Oberndorf mit Gewalt eingenommen hatte, zog die Mutter dorthin, wohnte zeitweise aber auch in Rottweil, wo sie die Nachricht vom plötzlichen Tod des erst zwanzigjährigen Veit Werner erreichte. 1501 musste sie vor dem Hofgericht in Rottweil erscheinen wegen Geldforderungen ihres Verwandten Hanns von der Leiter. 1502 und 1512 weilte sie wieder in Oberndorf, wo sie die Hochzeit ihrer Tochter Margarethe mit Wolf von Affenstein feierte. Im Jahr 1517 finden wir sie – zusammen mit ihrer Tochter, der Äbtissin Katharina – in Messkirch anläßlich der Hochzeit Gottfried Werners; in den folgenden zwei Jahren treibt sie, wie schon einmal, die Pest in die Flucht auf den Wildenstein zusammen mit der Familie Gottfried Werners. Es scheint, dass sie von da an ständig in Messkirch ihren Wohnsitz nahm. Inzwischen hatten ihre Söhne die Herrschaft Messkirch wiedergewonnen, die Acht Johann Werners war von Kaiser Maximilian postum aufgehoben worden, und schliesslich hatte sich auch Haug von Werdenberg bereitfinden müssen, ihr die lange widerrechtlich vorenthaltenen Einkünfte freizugeben. Gemeinsam mit der Familie Gottfried Werners verbrachte sie die letzten Lebensjahre in Ruhe und Sicherheit in Messkirch, bis der Tod im Jahre 1528 ihrem Leben ein Ende setzte. Sie wurde 70 Jahre alt; ihre letzte Ruhe fand sie nicht in der Familiengruft, sondern vor dem Fronaltar der St. Martinskirche in Messkirch, da zu diesem Zeitpunkt wegen des Umbaus der Kirche die Gruft nicht zugänglich war.

Anna und Katharina von Zimmern im Fraumünster
(1491–1496)

Welch eine Kindheit lag hinter den beiden Schwestern, als sie den eben erst bezogenen Zufluchtsort Weesen mit dem Fraumünster in Zürich vertauschten – vertauschen mussten? Es wird das übliche Leben adliger Kinder gewesen sein, weithin ohne Sorgen, sicher aber nicht allzu üppig. Dass ein solches Leben aber auch nicht frei war von Bedrängnissen, die alle Menschen jederzeit bedrohen konnten, erfuhren die Kinder, als sie beim Ausbruch des «landtsterbens» auf den Wildenstein fliehen mussten und als eben zu dieser Zeit ihr Grossvater, der alte Freiherr Werner von Zimmern, 1483 im Schloss in Messkirch starb. Auch hatte der Tod bereits nach den beiden kleinen Schwestern Verena und Kunigunda gegriffen. Das Sterben vollzog sich ja im Kreis der Familie, und die beiden Mädchen waren alt genug, um die Bedeutung dieses Vorgangs eindrucksvoll mitzuerleben.

Der Chronist verliert kein Wort über Erziehungsgrundsätze, die von den Eltern den Mädchen gegenüber angewendet wurden. Doch muss das Vorbild der Eltern prägend gewesen sein. Die energische Mutter, wie sie sich den täglichen Pflichten widmete, den nicht einfachen Charakter ihres Mannes ertrug, ein in jeder Hinsicht erfahrbares tief religiöses Leben führte, stellte den Töchtern die vollkommene Verwirklichung eines adligen Frauenlebens vor Augen. Die vielgestaltige Bildung des Vaters ist sicher auf die Kinder nicht ohne Einfluss geblieben. Es ist kaum denkbar, dass die ausgesprochen literarischen Neigungen des Vaters, seine Bemühungen um eine ansehnliche Bibliothek und seine Sprachkenntnisse den Eindruck auf sie verfehlten. Der Umzug nach Weesen änderte das Familienleben grundlegend, und es lag für die Eltern nahe, nicht nur die Söhne zur Erziehung an fremde Höfe zu geben, sondern auch für die beiden ältesten Töchter eine entsprechende Lösung zu suchen. Anna war 17, Katharina fast 14 Jahre alt – Zeit für eine standesgemässe Versorgung, wobei zwei Wege offenstanden: Heirat oder Kloster. Für eine Heirat war die augenblickliche Lage der Familie nicht günstig, denn Johann Werner war nicht in der Lage, eine ausreichende Ausstattung mit Heiratsgut für zwei Töchter aufzubringen. Der Eintritt in ein Stift oder Kloster verlangte allerdings auch eine finanzielle Ausstattung der Kandidatin, doch konnte man hier auf eine Stundung der Kosten hoffen, die an sich beim Eintritt fällig wurden. Ob Heirat oder Kloster – in beiden Fällen hatten die Töchter traditionsgemäß einen Erbverzicht zu leisten, der das Familiengut vor allzu grosser Zersplitterung sichern und etwaige Ansprüche aus der Familie, in welche die Töchter eingeheiratet hatten, vermeiden sollte.

Was bei den Eltern den Ausschlag gab, für beide Töchter um Aufnahme in das Fraumünster in Zürich nachzusuchen, wissen wir nicht. Die Aussicht, für sie dort ein Unterkommen auf Lebenszeit zu finden, war jedoch verlockend: Das Fraumünster war Frauen aus dem hohen Adel vorbehalten, zu dem sich die Zimmern rechnen durften. Die Chorfrauen kamen grösstenteils aus bekannten Adelsfamilien des südwestdeutschen und ostschweizerischen Raumes, doch war der Zustrom der Bewerberinnen bescheiden geworden und die Zuweisung einer Pfründe daher ohne längere Wartezeit möglich. Und schliesslich war Zürich von Weesen aus gut zu erreichen, sodass die Verbindung mit der Familie ohne Schwierigkeiten aufrechterhalten werden konnte. Wie der Chronist berichtet, konnte sich Johann Werner von Zimmern bei seinen Bemühungen auf seine alten Beziehungen zu Freunden in Zürich und insbesondere zum Dekan von Einsiedeln, Albrecht von Bonstetten, stützen. Kaum zwei Jahre, nachdem die Familie in Weesen Einzug gehalten hatte, verliessen Anna und Katharina den Ort wieder, um im Fraumünster in Zürich aufgenommen zu werden.

Es gibt kein Zeugnis darüber, ob die beiden Schwestern dem Willen der Eltern aus Neigung oder Gehorsam zustimmten. Immerhin hatte Anna schon im Alter von 13 Jahren ihren Erbverzicht geleistet, woraus man schliessen kann, dass sie dem schon 1488 gefassten Entschluss ihrer Eltern keinen Widerstand entgegensetzte. Katharina tat dies ebenfalls nicht. Andererseits darf man sich nicht vorstellen, dass die beiden Mädchen nur als demütige Bittstellerinnen nach Zürich gekommen wären, wie es der augenblicklichen prekären Lage ihrer Familie hätte entsprechen können. Sie wussten wohl, was sie verlangen konnten und versäumten nicht, gegen die Kürzung ihrer Bezüge zusammen mit ihrer entfernten Verwandten, dem Fräulein von Bitsch, anzugehen. Wenn ihnen dabei auch der Erfolg versagt blieb, so bewiesen sie doch Selbstbewusstsein und eine gewisse Anspruchshaltung. Die Aussicht, aus der beengten Wohnung in Weesen wegzukommen und in die altehrwürdige, weitläufige Abtei aufgenommen zu werden, nicht mehr in allem von den Eltern abhängig zu sein, sondern über ein eigenes Einkommen zu verfügen, hat sicher nicht abschreckend gewirkt. Spätestens 1491 finden wir sie in Zürich, denn in diesem Jahr kam es zwischen ihnen und dem Konvent zu einem Streit um Pfründe und Jahrzeit, in dem der Rat der Stadt zu vermitteln versuchte. Seinem besonderen Schutz waren die beiden Mädchen bei ihrem Eintritt vom Vater anvertraut worden.

Katharina im Fraumünster

BARBARA HELBLING

1. Eintritt in die Abtei

Kurze Zeit, nachdem der geächtete Johann Werner von Zimmern seine Familie in den Schutz der Eidgenossenschaft nach Weesen gebracht hatte, setzten schon im Jahr 1491 seine Bemühungen ein, die beiden Töchter Anna und Katharina in der Fraumünsterabtei in Zürich unterzubringen. Von der Abtei, das heisst vom über die Aufnahme bestimmenden Konventskapitel aus gesehen, dürften die beiden Kandidatinnen sehr willkommen gewesen sein: sie gehörten jenen exklusiven, in Zürichs weiterer Umgebung jedoch stark dezimierten Adelskreisen an, aus denen die Anwärterinnen stammen mussten, damit sie für eine Aufnahme ins Stift in Frage kamen.

Wesentlich war die Empfehlung durch den hoch angesehenen Dekan des Klosters Einsiedeln, Albrecht von Bonstetten (1442–1504), der als humanistisch gebildeter, weit gereister Geistlicher über beste Beziehungen verfügte und in manchen diplomatischen Geschäften für die Eidgenossenschaft tätig war. Er hatte in Freiburg i.Br., in Basel und Pavia studiert. Wo er Johann Werner von Zimmern kennen gelernt hatte, sagt Froben von Zimmern, der Verfasser der Familienchronik, nicht. Die Briefe dieses wichtigen Gönners an den Vater der Mädchen, der auch des Chronisten Grossvater war, zitiert er jedoch ausführlich.[1] Bonstettens Freundschaft und Unterstützung in schwieriger Lage war Frobens Meinung nach mit ein Grund für Johann Werner, sich und seine Familie in die Eidgenossenschaft nach Weesen in Sicherheit zu bringen, als ihn die Reichsacht traf. Die Fürsprache des Dekans hatte in Zürich auch besonderes Gewicht, weil die Beziehungen zwischen der Stadt und dem Kloster Einsiedeln sehr eng waren.

1491 erscheinen die Fräulein von Zimmern erstmals in den Akten des Zürcher Rats. Sie und ihre Cousine Ottilie von Bitsch wollten gleichzeitig als Postulantinnen (d.h. Anwärterinnen auf eine Chorfrauenstelle) ins Fraumünster eintreten. Über die Höhe der ihnen zustehenden Pfründen verhandelten sie – oder wohl eher die Familien im Hintergrund – mit dem Konvent. Man konnte sich nicht einigen, worauf der Zürcher Rat schlichtend eingriff. Er beschied, dass die «fröwlin von bitsch und zymern ... sich begnügen lasen und tügen wie ander, dero vordern viel liebs und leids mit einer stat Zürich gehept und erlitten haben».[2] Wenn sie nicht einverstanden seien, könnten sie an «Iren ordenlichen richter», den Bischof von Konstanz, gelangen.

Wie es für die städtische Politik des 15. Jahrhunderts bezeichnend ist, mischt sich der Zürcher Rat vor dem eigentlich zuständigen Schiedsrichter in die Angelegenheiten der Abtei ein. Mit der Erinnerung an «viel Lieb und Leid», das die Abtei früher mit der Stadt zusammen erlitten, spielen die Ratsherren auf die Notzeit nach dem Alten Zürichkrieg an, als die Einkünfte aus der zerstörten Landschaft zum grossen Teil ausblieben und die Abtei ihren Bauern beim Wiederaufbau helfen musste. Damals hatten die Konventsmitglieder auch auf einen Teil ihrer jährlichen Rente verzichten müssen. Die Ermahnung zeigt zudem deutlich, wie schon von den Anwärterinnen selbstverständlich erwartet wird, dass sie sich von nun an mit dem Geschick der Stadt solidarisch fühlen sollten.

Allen Stiftsdamen stand dieselbe Pfründe zu, während die Chorherren ihren Aufgaben gemäss abgestufte Beiträge bezogen. Anhand der sehr genau geführten Rechnungsbücher der Abtei Fraumünster lässt sich verfolgen, was jedem Mitglied des Konvents ausbezahlt wurde;[3] hier sind auch die Schwestern von Zimmern seit 1494 als Chorfrauen genannt, welche die entsprechenden Pfründen erhielten. Unter dem Posten «Allerlei» sind die speziellen Ausgaben für ihre Einkleidung – Tuch und Herstellung der Kutten – und für das Festessen bei ihrer Aufnahme in den Konvent angeführt, sowie die 4 Schilling, die der Schreiner erhielt um «der zwey frowlinen stuben zu machen».[4] Von

Die Abtei Fraumünster um 1500 auf der Stadtansicht von Hans Leu d. Ä.

nun an waren sie so untergebracht, wie es den Stiftsdamen zustand.

Die Abtei war in diesen Jahren mancher Kritik ausgesetzt, die sich auf verschiedene Seiten des Lebens im Stift und auf die Amtsführung der Äbtissinnen bezog. Einerseits tendierte der Zürcher Rat immer stärker darauf hin, Überblick über die Ökonomie der gesamten Abteibesitzungen zu haben, und nahm auch Einfluss auf die Wahl des Klosterammanns. Die seit 1487 amtierende Äbtissin Elisabeth von Weissenstein wurde – wie ihre Vorgängerin – sofort vom Rat gerügt, wenn sie Einkünfte und Zinsen verkaufte, um Mittel für ihre Bautätigkeit freizumachen. Diese bisher von allen späteren Darstellungen übernommenen Vorwürfe des Rates hat Christa Köppel mit ihrer Arbeit etwas korrigiert: nicht in erster Linie die «Bauwut», die «Misswirtschaft» und Verschwendungssucht der Äbtissinnen, sondern die damals gesamthaft angespannte wirtschaftliche und politische Lage der Stadt Zürich habe zu einer stärkeren Kritiklust der Bürgerschaft und zu genaueren Kontrollen der Klostergutverwaltung durch die Zürcher Obrigkeit geführt.[5] Diese politischen Zeitumstände werden noch zur Sprache kommen.

Eine andere Beschwerde hat bald nach dem Eintritt der Mädchen den Konvent des Fraumünsters und die Familien der neu eingetretenen drei jungen Damen mehr beschäftigt. Ottilie von Bitsch war eine Cousine zweiten Grades der Zimmern-Töchter. Ottilies Grossmutter Bertha von Tengen war eine Grosstante von Anna und Katharina. Sie machte die Familie in einem Brief darauf aufmerksam, dass in der Abtei sittlich bedenkliche Zustände herrschten und die jungen Mädchen von Geistlichen belästigt würden.[6] Ottilie verliess darauf hin das Fraumünster und Johann Werner von Zimmern holte seine Töchter für kurze Zeit nach Weesen zurück. Was in der Abtei wirklich vorgefallen war, ist nirgends genauer verzeichnet; die Zürcher Quellen und die Zimmerische Chronik schweigen sich darüber aus.

Auf Drängen des Zürcher Rates wurde jedoch kurz danach eine ebenfalls hochadelige Dame, die Gräfin Berchta von Sulz, beauftragt, Reformvorschläge für die Abtei auszuarbeiten. Eine Notiz aus dieser Zeit, die ihr zugeschrieben wird,[7] nennt ein paar kritische Punkte: Zu entscheiden sei, ob die 60 Jahre zuvor in der Abtei eingeführte Benediktinerregel noch oder eher wieder gelten sollte. Weil die Äbtissin «der frölin nit bekomen mag, damit die zal erfült wurd», das heisst weil nicht mehr genügend hochadelige junge Damen ins Fraumünster eintreten wollten, könnte der Kreis der Aufnahmeberechtigten erweitert werden, wie es im Stift von Säckingen geschehen sei. Im Stift würden «die alten Freiheiten» wieder hergestellt, dass nämlich unter anderem die Stiftsdamen «wie von alter har möchten eelich man zu der hailigen Ee nemen und Sanct Benedictsorden verlassen». Die andere Lösung wäre, dass die «frölin in S. Benedictsorden sollt beliben». Dann freilich müsste wieder mit einigen Ordensregeln Ernst gemacht werden.

Das Fraumünster galt also noch als Benediktinerinnenabtei, doch lebten die Damen hier wie in einem freien Stift: jede habe «ain eigen hus gehebt, dardurch dann viel nachred entstanden ist».

Im Februar 1493 schickte Frau von Sulz ihre Reformvorschläge an Bürgermeister und Rat: also wiederum zuerst der weltlichen Obrigkeit. Sie schlug vor, die Klausur wieder strikt einzuhalten, dass «hinfür kain mansbild seinen fryen In- und usgang haben mag,» es sei denn «zuo notdurfft des wirdigen Gotzhus». Gemeinsame Mahlzeiten der Chorfrauen und Kaplane, die ihr «natürlich spys in ainem Hafen berayten, kochen und also lyblich niessen und nemen sollten», anstelle der je eigenen Haushaltungen der Stiftsdamen zusammen mit der vorgesehenen beträchtlichen Einschränkung ihrer Bewegungsfreiheit ausserhalb der Klausur machten das Reformprogramm von Beginn an bei den Betroffenen unbeliebt.

Der Konvent des Fraumünsters lehnte die Reform ab unter dem Hinweis, dass sie die «alten Freiheiten» des Stiftes verletze. Gegen diesen Entscheid unternahm auch der Rat nichts mehr; er konnte an einer ernsthaften Klosterreform nicht wirklich interessiert sein, weil sie wohl auch eine engere Bindung des Fraumünsters an den Benediktinerorden gebracht und damit den Einfluss der Stadt zurückgebunden hätte.

Die Wahl Katharinas zur Äbtissin 1496

Ende Januar 1496 starb die Äbtissin Elisabeth von Wyssenberg, unter deren Leitung Anna und Katharina vier Jahre im Kloster gelebt hatten. Wenige Tage danach wurde die erst 18jährige Katharina als jüngste der nur vier wählbaren Chorfrauen zur Nachfolgerin bestimmt. Die Mehrheit des versammelten Konvents sah in ihr die geeignetste Kandidatin und zog sie auch ihrer älteren Schwester vor; zudem spielten Familienverbindungen eine wichtige Rolle. Als nämlich Veronika von Geroldseck, die gleichzeitig mit den Schwestern Zimmern zur Chorfrau geweiht worden war, die Wahl anzufechten suchte, vertraute sie auf die Hilfe ihres Verwandten, des Bischofs von Chur. Dagegen sagte im April 1496 der Zürcher Rat Katharina seine Unterstützung zu, denn für die Gewählte hatten sich auch ihre «früntschaft», der Abt des Klosters St. Georgen in Stein am Rhein und die Stadt Rottweil eingesetzt. Frau von Geroldseck wurde entschieden angewiesen, von «solcher Irrung» und ihrem Vorhaben abzustehen.[8]

Der Chronist Froben von Zimmern seinerseits berichtet stolz, dass sich «das jung fröle Cathrina... so wol in bemeltem (d.h. in dem genannten) freien stift gehalten» habe und deshalb vom Damenkonvent gewählt worden sei, «deren damals ain guete anzal von grefinen und freiinen darinen waren».[9] Die Fürstäbtissin einer alten Reichsabtei in der Familie zu haben, musste nach Frobens Weltsicht das Ansehen der ganzen Sippe aufwerten.

Kurz vor seinem Tod, zu Beginn des Jahres 1496, hat Johann Werner von Zimmern seiner Tochter Katharina einen Brief geschickt, der erhalten geblieben ist: eine gut formulierte, sehr persönlich gehaltene Antwort auf ein Schreiben ihrerseits.[10] Sie hatte sich zuvor an ihre Brüder gewandt und sie um ein Leibgeding gebeten, auf das sie ihrer Ansicht nach noch Anspruch hatte.

Wohl entgegen ihren Erwartungen ist der Vater gar nicht ihrer Meinung und bittet sie im Brief nachdrücklich, auf ihre Forderung zu verzichten. Besonders der jüngere damals knapp 15 Jahre alte Bruder Gottfried sei tief verschuldet, während es ihr nun, da sie Äbtissin geworden, an nichts mehr fehle. Sollte sie auf ihrem Recht beharren, würde das dem Vater «beschwärdt und grossen mißfall» bringen, wenn die beiden «liebsten kind so ich hab, in unfründschaft» kämen. Trotz der Meinungsverschiedenheit ist dem Brief eine persönliche Vertrautheit zwischen Vater und Tochter anzumerken. Katharina kannte offensichtlich schon als junge Frau ihre Rechtsansprüche gut, während den Vater bis in die letzten Tage seines Lebens Geldsorgen drückten.

Die feierliche Amtseinsetzung der Äbtissin fand am 17. Juni 1496 statt. Leider wird sie in keiner Chronik näher geschildert; es fehlen auch die entsprechenden Einträge im bischöflichen Archiv von Konstanz. Bischof Hugo von Landenberg, der Katharinas Wahl bestätigen und die Weihe vornehmen sollte, war gerade eben neu in sein Amt gewählt worden und hatte seinerseits die päpstliche Weihe noch nicht. So wissen wir nicht einmal, wer die neue Äbtissin eingesetzt hat. Die Zeremonie wurde wohl den alten Vorschriften entsprechend gestaltet, wie sie Jahrzehnte früher für das Fraumünster formuliert worden waren. Dem Rang der Reichsabtei entsprechend mussten vier Äbte anderer Reichsklöster dem Bischof assistieren und je zwei Ritter und zwei Freiherren die alten Ehrendienste des Mundschenks und Truchsessen übernehmen, indem sie der Neugewählten Wein, Brot und Tuch überreichten. Zu den Gästen gehörten natürlich die Vertreter der Stadt und auch Katharinas Verwandte.

Eine Notiz im Ratsmanual vom 10. Juni 1496 gibt Einblick in ein Detail der Festvorbereitungen. Der Ammann des Fraumünsters war vor dem Rat erschienen und hatte im Auftrag der Äbtissin um die Erlaubnis gebeten, zu Ehren der zum Fest geladenen Gäste, der «frömbden prelaten und anndern so daby sin werden», eine Jagd im Sihlwald veranstalten zu dürfen. Der Rat diskutierte die Angelegenheit. Ein Redner wollte eine Abordnung des Rates zu «miner gnedigen frowen» schicken und sie bitten, diesmal auf die Jagd zu verzichten, weil jetzt eine «umkombliche zit» dazu sei. Ein anderer riet, die Absage deutlicher zu begründen, «diewyl es yetz des gewilds halb in einem vast schedlichen zit sye, und min herren das Jagen allenthalb verbotten» hätten. Zudem habe die Äbtissin einen eigenen Forst, in dem sie jagen könne; damit möge sie sich begnügen, den Wildbann der Stadt schonen und «den nit also verwüsten lassen».[11]

In diesem Ratsbeschluss scheint allerlei Hintergründiges auf. Den Herren schaffte die höfliche Anfrage offensichtlich einige Beschwer: Sie hätten gerne abgesagt, wussten jedoch auch, dass eine Jagd zum gebräuchlichen Festvergnügen einer hochadeligen Gesellschaft zählte – und diesem Kreis gehörten die meisten erwarteten Gäste an. Der Hinweis, dass in dieser Jahreszeit die Jagd dem Wild sehr schade, deutet auf die Wildschonzeit, die auch für den Adel bis zum Johannistag (24. Juni) galt.[12] Das dürfte nicht der einzige Grund des Jagdverbots gewesen sein. Der Waldmannhandel lag erst wenige Jahre zurück und hatte bei vielen Bürgern traumatische Erinnerungen an den Aufstand der Landbevölkerung hinterlassen, jenen Aufstand, der eben wegen der Jagdrechte der Herren und Waldmanns Befehl zur Tötung der Bauernhunde ausgebrochen war. So war für eine Herrenjagd, «sölich gejegd», die Zeit in doppeltem Sinn ungeeignet, «unkomblich», wie die Ratsherren bemerken. Diesen Zusammenhang konnte Katharina von Zimmern im Zeitpunkt ihrer Wahl wohl noch nicht überblicken. Sie war in dem Moment noch ein junges Edelfräulein, dem der Rat die Anfrage offenbar auch nicht übel nahm.

Herrin der Fraumünsterabtei

Wir können uns heute schwer eine Vorstellung von den Funktionen und Kompetenzen machen, die der Äbtissin Katharina von Zimmern in der Realität noch zustanden. Die reichsfreie Abtei hatte im Lauf des 14. und 15. Jahrhunderts die meisten ihrer ursprünglichen Rechte an die Stadt verloren. Sie selber hat keine

Siegel der Äbtissin Katharina von Zimmern.

Aufzeichnungen hinterlassen und die Quellen berichten gerade von der letzten Äbtissin auffallend wenig. So bleibt sie selbst während 25 Jahren weitgehend stumme Zeugin einer vielseitig bewegten Phase der Zürcher Geschichte. So sind alle Historikerinnen und Historiker, die sich mit ihrer Biographie befassen, versucht, die knappen Quellen mit Phantasie auszudeuten. Einiges lässt sich auch aus den Zürcher Chroniken der Reformationszeit, gleichsam aus dem Rückblick, erschliessen.

Wenn Katharina von Zimmern während ihrer langen Amtszeit nur ganz selten in den Ratsakten der Stadt genannt wird und nie zu ausdrücklichem Tadel Anlass gibt, zeugt das allein schon von einem hohen Mass an Takt und Diskretion. Sie stand in schwierigen Jahren an exponierter Stelle, und ihre Vorgängerinnen waren mehrfach wegen Verstössen gegen das empfindliche Ordnungsdenken und die Sparsamkeit der Obrigkeit getadelt worden.

Die Abtei und ihre Verwaltung

Katharina von Zimmern stand nun als junge Frau einem grossen «Haushalt» vor, der zum grössten Teil von erfahrenen Leuten verwaltet wurde, unter ihnen an erster Stelle der vom Rat ernannte Klosterammann. Die eigentliche Verantwortung für die Abtei lag jedoch bei ihr. Der Konvent setzte sich aus den Stiftsdamen und sieben Chorherren zusammen. Zu ihnen zählte der Leutpriester, der für die Bewohner des Pfarrsprengels verantwortliche Geistliche. Dazu kamen noch sieben Kapläne, die in der Kirche die Dienste an den verschiedenen Altären versahen. Wenn eine dieser Stellen frei wurde, rückte meist ein Kleriker nach, der aus einer einflussreichen Zürcher Bürgerfamilie stammte und seine Kandidatur schon lange angemeldet hatte. Welche komplizierten Regeln dabei galten, ist von Andreas Meyer und Gerald Dörner untersucht worden.[13] Hier genügt die Feststellung, dass die Äbtissin die Wahl der Chorherren zwar vollzog, die Wahlvorschläge jedoch vom Zürcher Rat und wohl auch vom Chorherrenstift des Grossmünsters kamen.

Sicher auf Grund einer solchen Empfehlung wurde kurz nach Katharinas Amtsantritt Heinrich Engelhart Leutpriester am Fraumünster. Er stammte aus einer begüterten Ratsfamilie und hatte in Heidelberg und Bologna studiert. Jahre später bewährte er sich als guter Freund Zwinglis, dem zuliebe er auf seine Chorherrenpfründe am Grossmünster verzichtete. Er könnte wohl einer der wichtigsten Ratgeber der Äbtissin gewesen sein. Leutpriester, Chorherren und Kaplane mussten sich um die Kirchendienste kümmern; die Frauen waren verpflichtet, den Gottesdiensten beizuwohnen und am Chorgesang mitzuwirken. Das betraf vor allem auch die jungen Mädchen, die in der Abtei erzogen wurden, ohne in den Konvent eintreten zu wollen, über deren Zahl, Unterkunft und Tagesprogramm wir aber praktisch nichts wissen. Für sie muss sich die Äbtissin verantwortlich gefühlt haben. Wenige, zu wenige Chorfrauen lebten im Fraumünster, und Katharina bemühte sich, neue Interessentinnen zu finden, was ihr während den ersten Jahren ihrer Amtszeit auch gelang: bis 1503 traten vier junge Frauen ein, mehr als bisher dem Konvent angehört hatten. Eine Verwandte Katharinas, eine Nonne aus St. Blasien, kam während einiger Zeit dazu: sie sollte mit ihrer schönen Stimme den Chorgesang fördern.[14]

Im Bewusstsein der Stadtbevölkerung war die Schule wohl die wichtigste Einrichtung am Fraumünster. Sie wurde vom Schulmeister betreut, bei dessen Berufung der Zürcher Rat mitbestimmte. Sie befand sich in besonderen Räumen und trug zum lebhaften Betrieb rund ums Fraumünster bei. Er dürfte nicht immer problemlos gewesen sein. Thomas Platter erzählt, wie er um 1516 die Schule erlebte:

«Do was ein schuolmeister, der hiess meister Wolffgang Knöwell von Barr by Zug, was magister Parrisiensis, den man zuo Paryss genempt hatt Gran Diabell. Er was ein grosser redlich man, hatt aber der schuoll nit vill acht, luogt mer, wo die hübschen meitlin waren, vor denen er sich kum erweren mocht.»[15]

Die Schule war damals eben neu gebaut worden, und auch der neue Schulmeister aus Einsiedeln Oswald Myconius war schon angesagt. Von ihm wird noch die Rede sein.

Eine heikle Aufgabe der Äbtissin zeichnet sich in dem kurzen Text Platters ab: sie musste darauf achten, dass die Angehörigen der Abtei nicht unerwünschtes Aufsehen bei der Bürgerschaft erregten, dass vor allem die ihr anvertrauten jungen Mädchen unter guter Aufsicht standen. Offenbar strikter als ihre Vorgängerinnen regelte sie die «Hausordnung» in der Abtei, auch wenn diese nicht einer echten Klausur entsprach. Denn weiterhin bewohnten die Chorfrauen ihre eigenen Zimmer, führten ihre eigenen Haushalte, wie aus den Abrechnungen hervorgeht. Nach aussen aber wurde dieser Teil der Abtei besser abgeschlossen, und weder Stadtchronisten noch Ratsakten müssen im Zusammenhang mit der Abtei so skandalöse Herrenbesuche melden, wie sie für die Frauenklöster Oetenbach und Selnau überliefert sind.[16] Das ist bemerkenswert, weil gerade in diesen Jahren die Obrigkeit streng über Betragen, sittliche Einstellung und ungebührlichen Aufwand der Bürgerschaft wachte. Unter Hans Waldmanns Herrschaft waren wenige Jahre zuvor Sittenmandate erlassen worden, die allen unnötigen Luxus, reiche Kleidung und das Tragen von Schmuck verboten. Sogar der Aufwand für Festessen und Geschenke bei Hochzeiten und Taufen war reglementiert worden, doch das hatte auch in der Bevölkerung Unwillen erregt, und die allzu strengen Vorschriften dürften sich nach Waldmanns Sturz wieder gelockert haben.

Wie sich unter Katharinas Führung das Zusammenleben innerhalb der Abtei gestaltete, zeigen die von ihr angeregten Neu- und Umbauten am besten.[17] Die Wiedereinführung eines im eigentlichen Sinn regulierten Lebens für den kleinen Stiftskonvent stand nicht zur Diskussion in einer Umwelt, die für klösterliche Askese keinen Sinn mehr hatte. So entsprach es offenbar dem «öffentlichen Empfinden», dass die Damen weiterhin ihren adeligen Lebensstil pflegten. Als Angehörige der obersten Gesellschaftsschicht waren sie von manchen Bestimmungen der Sittenmandate befreit und auch in Fragen der Gastlichkeit wohl nicht gebunden, ganz abgesehen davon, dass sie sich oft nicht im Fraumünster aufhielten. Katharina selbst hielt sich Reitpferde,[18] reiste auf Verwandtenbesuch und empfing ihrerseits die Besuche ihrer Familie und Freunde. Gleichzeitig nahm sie wohl als Äbtissin ihre religiösen Pflichten im Gottesdienst, in der Führung der Abtei und in ihrem persönlichen Verhalten ernst. So konnte sie sich über mehr als zwanzig Jahre hin den Respekt der Zürcher Bürgerschaft uneingeschränkt bewahren.

Die Verwaltung der Abteigüter

Bei der Verwaltung des grossen Abteibesitzes konnte sich Katharina von Zimmern auf zwei erfahrene Männer stützen.[19] Hartmann Wolff war seit 1488 Fraumünsterammann. Er versah dieses vielseitig anspruchsvolle Amt bis 1517 und später nochmals von 1521 bis 1523. Auch im Amt des Kapitelkellers, der das Vermögen des Kapitels verwaltete, gab es während der langen Regierungszeit Katharinas nur im Jahr 1508 einen Wechsel. Die Äbtissin war über die Wirtschaftsführung orientiert, weil alle wichtigen Geschäfte in ihrem Namen abgewickelt und von ihr gesiegelt wurden. Zudem bemühte sie sich auch selber, hier zur dauernden Verbesserung der Wirtschaftslage beizutragen. Während manche Geldgeschäfte ihrer Vorgängerinnen vom Rat gerügt worden waren, blieb sie von Kritik verschont. In den Rechnungsbüchern der Abtei kommt zum Ausdruck, dass sich die Finanzlage um 1500 wesentlich entspannt hatte: die Schulden waren abgezahlt, was bestimmt dem Renommé der Äbtissin zugute kam, auch wenn wir nicht wissen, ob sie aktiv die Finanzpolitik beeinflusst hat. Jeweils im Juni wurde die Rechnung der Abtei von einer Abordnung des Rates abgenommen und dieser Jahresabschluss mit einem Festessen gefeiert, an dem die Äbtissin selbstverständlich den Vorsitz hatte. Damit ist aber auch schon zusammengefasst, was sich aus den Quellen zu diesem Bereich ihrer Pflichten herauslesen lässt, die sie im Alltag viel Zeit gekostet haben müssen. Dass zahlreiche Lehensleute auch bei ihr vorsprachen, sie überhaupt für Besucher zur Verfügung stehen musste, zeigen die repräsentativen Räume, in denen sie Audienz hielt und mit Gästen speiste. So war zum Beispiel der Bischof von Konstanz ihr Gast, wenn er sich in Zürich aufhielt.

Reste der Herrschaftsrechte der einstigen Stadtherrin

Schon 1304 hatte die Stadt Zürich alle Weltgeistlichen ins Bürgerrecht aufgenommen – nicht um ihnen einen besonderen Gefallen zu erweisen, sondern weil sie von nun an dem Stadtrecht unterstellt waren und nur in Streitfällen zwischen Klerikern das geistliche Gericht des Bischofs von Konstanz anrufen konnten. Viele der alten Herrschaftsrechte der Abtei waren im 14. und 15. Jahrhundert von der Stadt übernommen worden, ohne dass dazu eine gültige rechtliche Basis bestanden hätte. Die Stadt war vor allem am einträglichen Marktrecht interessiert, am Recht, Zölle einzuziehen und am Salzregal, und übte trotz der Klage der Äbtissin das Recht, Münzen zu prägen, allein aus. Ihr blieb nur das Prägerecht für den Pfennig, die kleinste Münze, doch trugen die Münzen der Stadt Zürich noch bis zur Reformation ein Bild der Äbtissin. Von der ursprünglichen Gerichtsbarkeit hatte sich noch ein Rest erhalten. Die Äbtissin ernannte nämlich den Schulthess der Stadt, der als «Polizeichef» mit den Stadtknechten für Ordnung zu sorgen hatte, den Gerichtsweibel und Gerichtsschreiber: Beamte, die im Stadtleben wichtige Funktionen hatten. Dass dieses Ernennungsrecht den Bürgern als Privileg der Äbtissin bewusst war, zeigt aus dem Rückblick ein Eintrag in der Chronik des Bernhard Wyss, nach dem die Räte der Stadt erstmals im Jahr 1526 «einen schulthessen des statgerichts» wählten. Bis dahin habe dies stets die Äbtissin getan, die «ouch den gerichtsweibel und gerichtsschriber satzt.»[20]

Erst an dieser Stelle trägt Wyss nach, dass geraume Zeit zuvor die Abtei aufgehoben worden war...

Bei der Äbtissin lag noch das alte Begnadigungsrecht, von dem sie hin und wieder Gebrauch machte. Dass dies mit Wissen und Willen der Obrigkeit geschehen konnte, erzählt eine Episode in der Zimmerischen Chronik: Der jüngere Bruder Katharinas lebte als Knabe einige Zeit in der Abtei und besuchte dort die Schule. Da «wardt ein namhafter Schweizer und burger» von Zürich wegen einer «kleinfügigen Sache» zum Schwert verurteilt, denn, so betont der Chronist, die Schweizer hätten «ein strengs recht». Da alle den Verurteilten bedauerten, wurde »von den fürnembsten angericht, das dieser jung freiherr den armen man dem nachrichter im ausfieren (d.h. auf dem Weg zur Richtstätte) vom strick sollte abschneiden ... . Dieweil aber herr Gottfridt Wernher noch so jung, das er söllichs nit het künden verrichten, wardt er von dem amman im Frawenminster dahin getragen.»[21]

Unter dem Beifall des Publikums dringt der Ammann zum Verurteilten durch und hilft dem Kleinen, den Strick durchzuschneiden. Auch der Henker ist einverstanden. «Der sprach: ‹Liebs herlin, nempt in! ich guns euch wol.›»

Die Freistatt des Fraumünsters diente manchem Verfolgten als Asyl. Ähnliche «Freiheiten» existierten auch in den Frauenklöstern Oetenbach und Selnau. Weil sie innerhalb der Rechtsordnung der Stadt offenbar eine wichtige Funktion erfüllten, wurden diese drei Asylräume auf ausdrücklichen Befehl des Rates nach der Reformation wieder hergestellt.

Katharina von Zimmern und die Stadt

Dreissig Jahre lang lebte Katharina von Zimmern in Zürich. Was sie in dieser Zeit hier miterlebte, wie und wo sie selbst dabei in Erscheinung trat, muss sie immer unter zwei Aspekten wahrgenommen haben: als geistliche Amtsperson und als standesbewusste Edelfrau.

Repräsentationspflichten und Volksfrömmigkeit

Die Jahrzehnte vor der Reformation waren erfüllt von einer allgemein spürbaren religiösen Hektik, die sich in vielerlei Stiftungen, reich geschmückten Kirchenbauten, populären neuen Wallfahrten und Prozessionen äusserte. Auf der Landschaft herrschte um die Jahrhundertwende ein wahres «Kirchenbaufieber»[22] und es ist erstaunlich, wieviel Geld in die Ausstattung vieler Dorfkirchen investiert werden konnte. Der Kalender des Kirchenjahrs zeigte für Zürich gut dreissig Festtage; manche davon wurden mit grossem Aufwand begangen und bedingten die Anwesenheit von Äbtissin und Grossmünsterprobst. Das waren auch die Anlässe, an denen die Bevölkerung die ranghöchste Frau der Stadt am ehsten wahrnahm. Am Palmsonntag beteiligten sich alle drei Pfarreien an der gemeinsamen Prozession auf den Lindenhof, bei der ein hölzerner Palmesel mitgezogen wurde; an Pfingsten fand die jährliche Wallfahrt nach Einsiedeln statt, die von den Stadtbehörden organisiert wurde und an der aus jeder Haushaltung mindestens ein erwachsenes Mitglied teilnehmen musste. Von dieser streckenweise recht anstrengenden Fussreise war die Äbtissin wohl dispensiert. Am Mittwoch darauf führte sie dann die grosse Prozession an, in der die Reliquienschreine von Felix und Regula und die Kirchenschätze der Stadtkirchen von Vertretern der Zünfte auf den Lindenhof gebracht wurden. Hier nahmen die Bürger an den Messen teil, welche Vertreter der Bettelorden lasen, und an einem feierlichen Hochamt. Beim anschliessenden Fest bewirteten die Stadtväter die Brüder.

Hier und noch an manchen andern zeremoniellen Anlässen war die Äbtissin zugegen, doch für die seelsorgerlichen Dienste wandten sich die Bürger der Stadt kaum ans Fraumünster. Die damals markant anschwellenden Vergabungen zu Gunsten des Seelenheils einzelner Menschen, Familien und Berufsgruppen, gingen viel mehr an die populären Klöster der Bettelorden. Die Abtei erhielt wesentlich weniger Vergabungen als sie und war längst nicht so intensiv beteiligt an deren Betriebsamkeit rund um Busspredigten, Jahrzeiten-Stiftungen für Verstorbene und Ablasshandel.[23] Als sich dann die Kritik an diesen Auswüchsen der Volksfrömmigkeit und kirchlichen Missbräuchen regte, blieben die beiden Stifte von ihr ausgenommen.

Krisen und Feste

1499, drei Jahre nach Katharinas Amtsantritt, brach der Schwabenkrieg aus. Die Eidgenossenschaft errang in wenigen Monaten die weitgehende Unabhängigkeit vom Reich, doch den beteiligten Kriegern und Hauptleuten war es in den heftigen Kämpfen mehr um alte Rivalitäten zwischen Eidgenossen und Schwäbischem Bund, Schweizer Reisläufern und deutschen Landsknechten zu tun.

Katharina von Zimmern ging der Krieg persönlich an, denn auf der Seite des Schwäbischen Bundes kämpften zwei ihrer Brüder. Es spricht für ihren Takt, dass ihr die Zürcher diese Verwandtschaft nicht übel nahmen.

Wirtschaftlich ging es der Stadt allmählich wieder besser; von grossen Schäden, die 1440–1446 während des Alten Zürichkriegs entstanden waren, hatte sich die Landschaft erholt. Im Jahr 1504 beschloss der Zürcher Rat, ein grosses Fest zu veranstalten: Man wollte den guten Abschluss von allerlei schwierigen Verhandlungen feiern, aber auch die gewichtige Stellung markieren, welche der Stadt als Vorort in der Eidgenossenschaft und im ganzen süddeutschen Raum zukam. Die Einladungen zum Zürcher Freischiessen wurden weitherum versandt und der Erfolg ist aktenkundig. Grösste Festattraktion war nämlich der Glückshafen, eine Lotterie, deren Teilnehmerliste einen Überblick gibt über die Gästeschar, die von weither nach Zürich strömte. Alle Schichten der Bürgerschaft konnten sich beteiligen, weshalb der Glückshafenrodel einen seltenen Querschnitt durch die Bevölkerung Zürichs zeigt.[24] Chorherren und Chorfrauen der beiden Stifte, Kaplane, Bettelmönche, Ratsherren und Handwerker, Mägde und Stallburschen sind hier in bunter Mischung aufgelistet. Aus der Abtei kommen auch ein paar Fräulein «beim Fraumünster», Schulmeister und Schüler, der Sigrist und seine Familie, Mägde und der uneheliche Sohn der Jungfer der Äbtissin. Sie selber fehlt auf der Liste: an diesem Vergnügen hat sie sich nicht beteiligt. Dagegen treten die Ritterfamilien von Stadt und Land meist in grösserem Familienverband auf. Ein eifriger Festbesucher war Eberhard von Reischach, damals noch mit Verena Göldli verheiratet. Mehrfach trägt er sich ein als Eberli Rischach, samt der ganzen Familie, Pferden, Hunden und Katze. Der spätere Ehemann der Katharina von Zimmern war offensichtlich eine stadtbekannte Persönlichkeit.

Unruhige Bauern und Reisläufer

Trotz diesem Versöhnungsfest blieb die Zürcher Bauernschaft unruhig, und die Obrigkeit fürchtete Aufläufe wie jenen von 1489, der Waldmanns Sturz und Hinrichtung erzwungen hatte. Die Stadt hatte ihre Herrschaftsansprüche auf der Landschaft zwar durchgesetzt, doch die Dörfer liessen sich nicht mehr widerspruchslos regieren und hatten schon eine gewisse Autonomie in Gemeindeangelegenheiten entwickelt. An die «Gmeind» wandten sich denn auch die Herren trotz ihres obrigkeitlichen Auftretens in heiklen Angelegenheiten und legten diese zur konsultativen Beratung vor.[25]

Unruhe lösten die Feldzüge nach Oberitalien aus mit ihren hohen Verlusten an Menschen, die grosse diplomatische Verwirrung zwischen den eidgenössischen Orten brachten und kläglichen Gewinn. Einer der ersten Züge hatte auch Katharina von Zimmern betroffen: Ihr kleiner Bruder Gottfried Werner war damals noch Schüler im Fraumünster und unzufrieden mit der Verpflegung. Er schloss sich dem Auszug der Schweizer an. Obwohl er nicht älter als acht oder neun Jahre war, kam er mit ihnen weiter als Chur. Sobald «man erfure, das er darvon», ritt ihm der Ammann des Fraumünsters eilends nach. Als er ihn unter dem Tross fand, «bei andern schueler, die gleichfalls der schuel den rucken gebotten, name er den mit wissen der obristen under dem haufen wider zu sich».

Man einigte sich darauf, dass er aus «unverstand der jugendt» mit dem Haufen gezogen sei und deshalb wieder zurückgebracht werden sollte. Der Chronist fügt noch bei, dass er nur noch kurze Zeit in Zürich blieb, «dann seine baid schwestern konnten ine nit maistern».[26]

In der Schlacht bei Marignano 1515 fielen über 800 junge Männer aus der Zürcher Landschaft und der Stadt, und die Erschütterung über die Katastrophe verunsicherte Obrigkeit wie Untertanen. Die Herren traf der Vorwurf, dass sie den Auszug befürwortet hatten, weil sie von den an Söldnern interessierten Kriegsherren regelmässige Geldgeschenke, «Pensionen» empfangen hatten. Auch von den Hauptleuten fühlten sich die Heimgekehrten verraten. Kurz vor Weihnachten desselben Jahres zogen die protestierenden Bauern in die Stadt, besetzten während einigen Tagen den Lindenhof und liessen sich nur mit Mühe von einer Plünderung abhalten. Nach diesen turbulenten Tagen sass bei den regierenden Familien die Angst vor einer weiteren Rebellion tief. Umso entschiedener suchten sie von nun an in ihrem Herrschaftsbereich ein Reislaufverbot durchzusetzen.

Das prominenteste Opfer dieser verschärften Politik wurde Eberhard von Reischach. Als Gefolgsmann Herzog Ulrichs von Württemberg hatte er 1519 den Auftrag, im Gebiet der Eidgenossenschaft Söldner anzuwerben.[27] Johannes Stumpf erzählt in seiner Schweizer- und Reformationschronik ausführlich von den Ereignissen, die sich zu einer Skandalgeschichte ersten Ranges auswuchsen:

«Nun hat aber der hertzog hievor heymlich houptlüt in der Eidgnoschafft bestellet, die im [...] 20 000 knecht soltent zuobringen. Solichs waß aber angericht one gemeyner [d.h. gemeinsamer] Eidgnossen gunst und willen.»[28]

Stumpf zählt die Hauptschuldigen auf: ein Dutzend Ritter aus Zürich und von der Landschaft, an erster Stelle Reischach.

«Es fuor ouch Eberhart von Ryschach gon Bern, da er 10 000 cronen holet, die der küng von Franckrich dahin zu furdrung des handels geschickt hatt. Die wurdent zu stund den knechten ußgeteylt».[29]

Obwohl die Zürcher Reischach verfolgen liessen, entkam «inen doch der fogel mit dem gelt». Mit der Summe liessen sich in der Eidgenossenschaft in kurzer Zeit 14 000 Knechte anwerben, «die hinweg zugent wider den willen, ouch alle verpott irer oberkeit». Die angeworbenen Knechte zogen in Scharen in Richtung Blaubeuren, wo sie der Herzog erwartete. Vergeblich bewachten die Eidgenossen alle Übersetzstellen am Rhein und schlossen die Zürcher ihre Stadttore, «es half nüt». Der Zorn über diese Unbotmässigkeit spricht deutlich aus dem Text, und klar wird auch, dass ein Exempel statuiert werden musste: «die houptlüt, fenrich und die rädlifürer, so die knecht uber alle verpot uss der Eidgnoschaft gefürt hattent», wurden zu hohen Strafen verurteilt. Eberhard von Reischach «was entrunnen und der fürnemest in der sach, hat des Frantzosen gelt zu Bern geholet: der hatt ouch under im gehan 1000 knecht». Sollte er in Zukunft Zürcher Gebiet betreten, würde er als Einziger der Angeklagten «mit dem schwert vom leben zum todt gericht».[30]

Zu Beginn des Jahres 1525 wiederholte sich die Szene. An Stelle des geächteten Reischach war Onoffrius Setzstab Hauptmann des Auszugs der heimlich angeworbenen Zürcher Knechte und sollte eingefangen werden. «Man hielt ouch die thor zu Zürich beschloßen; aber es halff nit: sy thatend den stal vil zu spat zuo».[31]

Beide Szenen zeigen drastisch das Problem der Obrigkeit: um vor ihren Untertanen glaubwürdig zu bleiben, musste sie sich um jeden Preis durchsetzen, doch hatte sie gegenüber den reiswilligen jungen Burschen und ihren einflussreichen Werbern ausser Drohungen wenig wirksame Machtmittel zur Verfügung. Diese «Rädlifürer» waren in der Mehrheit Ritter und pflegten das übersteigerte Standesbewusstsein, das auch die Zimmerische Chronik erfüllt. Der Dienst für den Herzog, dem sie Treue geschworen hatten, überwog alle Verpflichtungen der Stadt gegenüber. Sie verstiessen mit ihrem Verhalten nicht gegen ihren eigenen Ehrenkodex und zeigten sich deshalb auch nicht reuig.

Katharina von Zimmern hat von ihrem Familienhintergrund her ebenso empfunden. Sie heiratete kurz nach ihrem Rücktritt den geächteten Eberhard von Reischach, den sie sicher aus seinen Zürcher Jahren kannte. Er muss ein eindrücklicher, gebildeter Mann gewesen sein, der – ähnlich wie seinerzeit ihr Vater – seinem Herzog auch in diplomatischen Missionen wertvolle Dienste leisten konnte. Sie ging diese Ehe ein, ohne ihre Brüder um Rat zu fragen, und wählte den Standesgenossen, der nach ihrem Urteil seine Ehre nicht eingebüsst hatte.

Am Vorabend der Reformation

Als Reischach für seinen Herzog Truppen warb und Zürich nicht mehr betreten durfte, begann Zwingli gerade seine Arbeit am Grossmünster; seine ersten mitreissenden Predigten gegen das Reislaufen und die Pensionenherren hatten sicher schon Einfluss auf diesen Prozess. Zwingli war zunächst nicht nur als Prediger, sondern auch wegen seiner humanistischen Bildung nach Zürich berufen worden.

Humanisten in Zürich

Im Wettstreit mit Bern und Basel entwickelten vor allem die Chorherren am Grossmünster den Ehrgeiz, einen Kreis hochgebildeter Humanisten in Zürich zu versammeln. Mit ihrer Hilfe sollten die Schulen, die ja Lateinschulen waren, ausgebaut werden. Das war eine Aufgabe, an der Katharina von Zimmern interessiert sein musste. Sie selbst war ohne Zweifel eine hochgebildete Frau. Erinnern wir uns an die vielseitige Begabung und Ausbildung ihres Vaters, ist bestimmt anzunehmen, dass er manches an seine Töchter weitergegeben hat. Seit ihrem Eintritt ins Fraumünster hatte Katharina Lehrer und Priester in der Nähe, die sich um die klassischen Sprachen bemühten. Schon genannt wurde Heinrich Engelhart, der als Leutpriester so lange wie Katharina am Fraumünster amtete und später im Ehegericht sass. Thomas Platter schildert in seiner Autobiographie, mit welchem Respekt er in der neuen Fraumünsterschule sass und sich von seinem Lehrer und Förderer Myconius Latein einbläuen liess.[32] Oswald Myconius war ein enger Freund Zwinglis; er war als Schulmeister am Grossmünster mitbeteiligt an Zwinglis Berufung nach Zürich, ging dann für ein paar Jahre nach Luzern und verfasste nach dessen Tod die erste Zwinglibiographie.[33] Nach der Rückkehr des Myconius an die Fraumünsterschule vertraten hier von 1523 an zwei bestens ausgewiesene Humanisten die neue Lehre, während Leo Jud, der Studienfreund Zwinglis aus Basel, am nahegelegenen St. Peter das Leutpriesteramt versah.

In den Räumen der Abtei, die Katharina von Zimmern ausbauen und reich ausstatten liess, kommt ihr Geschmack am besten zum Ausdruck. Schmuckelemente mit humanistischem Bildungshintergrund waren damals Mode. So liess David von Winkelsheim, der letzte Abt des Klosters St. Georgen in Stein am Rhein, zur Demonstration seiner humanistischen Bildung und seiner Prachtliebe den Festsaal in der Abtei mit grossflächigen Szenen aus der römischen Sage, mit allegorischen Figuren und daneben einer Darstellung der Zurzacher Messe schmücken.[34] Die Maler dieser Szenen stammten aus dem Basler Holbein-Kreis. Auch manche Landkirche fand in diesen Jahren Gönner für künstlerisch bedeutenden Kirchenschmuck, wobei die Bilder die besonderen Anliegen der Stifter ikonographisch freier als zuvor ausdrücken.[35]

In den Stuben der Fraumünsterabtei – heute im Landesmuseum – fallen die Friese in Flachschnitzerei besonders auf: ein damals beliebtes Kunsthandwerk der Tischmacher. Die Sprüche und das Bildprogramm in den Friesen waren sorgfältig zusammengestellt. Beim Einbau im Landesmuseum ist der Fries des einen Raumes leider durch Rekonstruktionen und falsche Abfolge in der Montage durcheinander gekommen und lässt sich nur noch in Einzelheiten rekonstruieren. Deutlich wird immerhin, dass hier im reichen Rankenwerk mit Vögeln und Früchten auch eine Repräsentation verschiedener Stände durch einzelne Figuren in bürgerlicher Tracht beabsichtigt war, neben Jagdmotiven und mittelalterlichen Tiersymbolen in christlicher Ausdeutung. Der Fries zeigt den freien Umgang mit Bildmotiven aus christlicher und antiker Tradition, der Katharina von Zimmern entsprochen haben muss.[36]

Im Strudel der Veränderungen

Auf viele Bürger der gebildeten Oberschicht, auch auf Katharina von Zimmern, dürfte die Berufung Zwinglis zunächst nur wie ein Versprechen für die Verbesserung des Unterrichts an den beiden Lateinschulen gewirkt haben. Als Zwinglis brisante Predigten dann schon bald die Stadt in zwei Lager teilten, stand sie mitten im Geschehen: Jeden Freitag, wenn auf dem Münsterhof Markt gehalten wurde und viel Volk aus der Landschaft herbeiströmte, predigte Zwingli im Fraumünster. Im Fraumünsterchor hielt Myconius regelmässig am Nachmittag Lektionen zur Auslegung des Neuen Testaments. Auch die Gegenseite kam im Fraumünster zu Wort: Als im Sommer 1522 der Bettelmönch Franz Lambert von Avignon über Maria und die Heiligen predigte, wurde er durch Zwinglis Zwischenruf «Bruder, da irrst du!» gestört.

Um die Sympathie der Äbtissin bemühten sich beide Seiten. Einen Kommentar von ihr haben wir nicht, wohl aber ein indirektes Zeugnis, dass sie sich mit den neuen Ideen auseinandersetzte. Vor kurzem ist ein Buch in den Handel gekommen, das aus ihrem Besitz stammen muss: es enthält neun reformatorische Schriften, alle bis auf zwei Lutherschriften in den Jahren 1522 bis 1524 in Zürich gedruckt. Zwinglis Predigt «Von göttlicher und menschlicher Gerechtigkeit» trägt seine handschriftliche Widmung an die Äbtissin, und ebenso ist ihr eine der Lutherschriften direkt zugeeignet. Zwei weitere wichtige Predigten Zwinglis sind im Band enthalten: «Der Hirt. Wie man die wahren Christlichen Hirten und wiederum die falschen erkenne» und «Ein Predigt von der Ewigreinen Magd Maria», die er in Einsiedeln hielt und gleichsam als Antwort auf Franz Lambert an dessen Namenstag in Druck gab. Die Schriften liess Katharina wohl selber zusammenbinden, sie muss den Band mitgenommen haben, als sie die Abtei verliess. Die Predigten sind ihr demnach wichtig gewesen, sie hat sie gelesen und sich ihre Meinung zu den Ereignissen gebildet. Es existiert auch ein Exemplar einer Streitschrift von Doktor Johannes Eck mit der persönlichen Widmung des Verfassers an die Äbtissin.[37] Die Reformatoren wie auch die Verteidiger des alten Glaubens haben ihr solche Lektüren wohl zugetraut, weil sie ihre Bildung und ihr Interesse kannten und auf ihr Verständnis hofften.

Mehr Gewicht für Katharinas Entscheid hatten sicher die Ereignisse in der Stadt im Lauf der Jahre 1523 und 1524. Im grossen Frauenkloster Oetenbach hatte sich der Konvent in zwei

Lager gespalten, die sich bitter bekämpften. Als schliesslich der Rat die Erlaubnis gab, verliessen viele Frauen das Kloster, unter ihnen auch die Priorin.[38] Was weiterhin mit dem Kloster geschehen sollte, wurde allein vom Rat bestimmt, und er drängte zur Aufhebung. Im September 1524 übergab Propst Heinrich Brennwald alle Rechte und Güter des Chorherrenstifts Embrach dem Rat von Zürich. In seinem Schreiben an den Rat betont er, dass er mit Einwilligung seines Kapitels handle.[39]

Im Lauf des Herbstes 1524 geriet so die Äbtissin unter immer grösseren Druck. Dass sie ihren Entscheid nicht leichtfertig fällte, ihn wohl auch so lange wie möglich hinauszögerte, zeigt die zeitliche Abfolge: Kaum hatte sie die Abdankungsurkunde gesiegelt, löste der Rat alle Stadtklöster auf. Wie Katharina ihren Entschluss im Detail begründete, ist nicht mehr Thema dieses Beitrags.[40] Hier sollen ein paar Zeugnisse aus der Zeit den Abschluss bilden, die zeigen, wie die Aufhebung der Abtei Fraumünster innerhalb der sich überstürzenden Ereignisse von der Stadtbevölkerung wahrgenommen wurde.

Die Aufhebung der Abtei im Spiegel der Chronistik

Der Chronist Gerold Edlibach war 66 Jahre alt, als er 1520 seine privaten Aufzeichnungen zum Geschehen in Zürich begann. Er war ein traditionell eingestellter Mann und registriert in knappen Sätzen, aber mit bedauerndem Unterton, wie ein vertrauter Kirchenbrauch nach dem andern abgeschafft wird: 1522 in der Fastenzeit dürfen die Bettelorden ihre Busspredigten nicht mehr halten, das Fastengebot wird gebrochen, man zieht am Palmsonntag nicht mehr auf den Lindenhof ... . Kommentieren mag er diesen radikalen Abbau nicht, höchstens schliesst er eine lakonische Bemerkung an: «das was alles hin und ab und galt alss nütz (nichts mehr)», oder «da ward die welt rouw und ungotzförchtig». Dann werden die Kirchen ausgeräumt, die Messe wird abgeschafft, die Klöster aufgehoben. Und nun, deutlicher missbilligend: «Item in disser zitt lüffen münch, pfaffen und brüdren, ouch nunen, schwestren, klosterfrowen und beginnen uß irren klöstren und hüssren, und namen pfaffen, münch, brüeder die closterfrowen, nunen und beginen ein andren zuo der e, und gienge wild zuo».[41]

Von der Aufhebung der Abtei sagt er kein Wort. Neben den turbulenten Szenen in den Kirchen hat er dieses stillere Ereignis gar nicht wahrgenommen. Auch Thomas Platter, der in der Fraumünsterschule ein- und ausging, schweigt darüber. Exakt verfolgt dagegen der Chronist und Schreiber Bernhard Wyss die Ereignisse, die er begrüsst. Er verschweigt seine Aversion gegen die Bettelmönche nicht, die auch nach seiner Meinung nichts tun, ein unkeusches Leben führen und die Almosenspenden der Bürger vergeuden. Dramatisch erzählt er, wie drei Zunftmeister und einige Ratsherren am 3. Dezember 1524 die Überführung der letzten Bettelmönche ins Barfüsserkloster überwachen «mit guoter gwarsame, dann keiner hett mögen entrünen oder sich verschlüffen». Dagegen die würdige Abdankung der Äbtissin:

«Und also hat nun frow Catharina von Zimbern, die letst äbtißin zum Frowenmünster... all ir gerechtikeit der statt von Zürich übergeben und von inen ein merkliche provision ald libgeding ir lebenlang (d.h. eine lebenslängliche Rente) darfür angenomen und sich mit junker Äberlin von Rischach eelich vermächlet und zuo im gen Schaffhußen zogen...».[42]

Ein letztes Zitat stammt aus der Chronik des Johannes Stumpf: er war der Schwiegersohn von Heinrich Brennwald und erhielt von ihm genaue Informationen zu den Ereignissen. Brennwald seinerseits hatte als letzter Probst des Stiftes Embrach eine ähnliche Aufgabe wie Katharina ehrenvoll zu Ende zu führen. Er löste das Stift im September 1524 auf. Ihn hat Katharina von Zimmern sicher gekannt, und es mag sein, dass sie ihren Schritt auf sein Vorgehen abgestimmt hat. Stumpfs Text betont als einziger die Tragweite dieser Auflösung und schildert den feierlichen Akt, den die Äbtissin in Würde hinter sich brachte. «Anno domini 1524, uff den 5. tag decembris, da ubergab die erwürdig und edel frow Katherina, geborn von Zymbern, der zyt äptißin zum Frowenmünster zu Zürich, eynem burgermeyster und rat alle ire regalia, fryheytten, jurißdiction, ouch das schultheyßenampt, den stab und das gericht, den pfennigstempffel und alle gnaden, so sy und das gemelt kloster von küngen und keysern von altem har erlangt hattend, mit dem geding, das ein ersamer rat solch closter mit aller herlicheyt und nutzungen zu trost und enthaltung der armen empfahen und iro (gemelter eptissin) ir leben lang ein erlich ußkommen und ein herlich (herrschaftlich) lybgeding zu uffenthaltung ires stands zu geben gnediglich und güettiglichen begünstigen solte. Das geschach, und ward obgenante frow mit eyner großen gult uff irn lyb begabet.»[43]

Der stillen, von vielen unbemerkten Übergabe der Abtei an die Stadt waren Verhandlungen vorausgegangen. Die Beweggründe der letzten Äbtissin waren schon am 30. November in einer Ratsnotiz[44] festgehalten worden, darunter zwei wichtige Argumente, die dann in der definitiven Abdankungsurkunde fehlen: indem sie ihre Stellung freiwillig aufgab, erleichterte sie der Stadt das Vorgehen gegen die andern Klöster, die «in minderer achtung» stünden. Sie vollzog den Schritt, um der Stadt «groß unruow unnd ongemach» zu ersparen, und betonte, dass manche Unruhestifter es gerne gesehen hätten, wenn sie sich gewehrt und dazu «rat und bistand» beim Bischof von Konstanz, «miner herr der eidgnossen» und anderer gesucht hätte. Der Schritt war überlegt, wobei sie wissen musste, dass er sie ihrer Familie entfremdete, die katholisch blieb. Ihr Neffe Froben hat ihr «unlobliches» Handeln in seiner Chronik denn auch wenig freundlich apostrophiert.[45]

Sie selbst berief sich auf das Andenken ihres Vaters, der sie und ihre Schwester damals der Obhut der Stadt Zürich und nicht dem Kapitel anvertraut hatte. Diese Wendung «nit dem cappitel» ist nicht einfach zu deuten: will sie besagen, dass damit die kirchliche Seite, vertreten durch den Bischof von Konstanz, ausgeschlossen wird? Oder sind die paar Chorherren am Fraumünster gemeint, die noch das Kapitel bildeten? Sicher ist, dass sich Katharina in dieser Sache nur der Stadt Zürich verpflichtet fühlte, der sie mit ihrem freiwilligen Verzicht den grössten Gefallen getan hat.

Ein Leben als Bürgerin
Roswith Günter

Nach dem Verzicht

Wir stehen am Ende des Jahres 1524. Seit Zwinglis erstem Auftreten in Zürich waren sechs Jahre vergangen. Die einstige Äbtissin hatte ihr geistliches Amt und ihre fürstliche Stellung aufgegeben und sie mit dem Status einer zwar geehrten und von der Stadt alimentierten Frau vertauscht, deren Rang künftig aber doch nur mehr der einer einfachen Bürgerin war. Ein neuer Lebenskreis tat sich auf. Wie konnte die Zukunft sich gestalten lassen?

Es kann zu Recht vermutet werden, dass die über die Politik des Zürcher Rates, über die religiöse Situation und in Geschäften wohlinformierte Frau, welche ihre Aufgaben als Äbtissin tatkräftig gemeistert hatte, nach dem Verzicht auf die bisherige Stellung ihre Lage realistisch eingeschätzt hat und ihre Zukunft dementsprechend zu gestalten versuchte. Dass zur Absicherung ihres Lebensunterhaltes die Vereinbarungen mit dem Rat der Stadt nur *eine* Möglichkeit darstellten, musste ihr so klar sein wie die Konsequenzen, die sich aus dem Entschluss ergaben, im Alter von immerhin 47 Jahren noch eine Ehe einzugehen. Sie kannte die Einstellung der führenden Reformatoren, ihre Verachtung und Verurteilung des Klosterlebens und des Ideals der Jungfräulichkeit, und entsprechend die Erhebung der Ehe zum alleingültigen Ideal, weil sie die natürliche, daher zwingende Lebensform für jeden Menschen, Mann oder Frau, sei. Dies legt den Schluss nahe, dass sie, als sie die Ehe mit Eberhard von Reischach schloss, nicht blindlings nach dem letzten Strohhalm griff, sondern sich mit einem Mann verband, dessen Herkunft, Stellung und Ansehen ihr in gewissem Umfang ersetzen konnte, was sie verloren hatte.

Eberhard von Reischach

Das Geschlecht derer von Reischach war im Hegau ansässig und gehörte zu jenen vielen Adelsfamilien, die im Lauf des Spätmittelalters verarmten und sich aus eigenen Kräften kein standesgemässes Leben für sich und ihre meist zahlreiche Nachkommenschaft mehr leisten konnten. Sie mussten ihre Kriegs- und zivilen Dienste politisch erfolgreicheren Herrn anbieten, suchten sich widrigenfalls gar als Raubritter durchzuschlagen. Für die Herren von Reischach lag es nahe, Verbindungen zu mächtigen und zahlungskräftigen Nachbarn aufzunehmen, zum Haus Habsburg, zu den Grafen und späteren Herzögen von Württemberg, sowie zu den Eidgenossen.

Eberhard von Reischach wurde wohl im Jahr 1463 oder wenig später geboren. Seine Eltern, Eberhard von Reischach von Neuhewen und Anna von Hornstein, hatten ausser ihm noch einen zweiten Sohn, Hans Lienhard oder Leonhard, der als Parteigänger Herzog Ulrichs von Württemberg sich durch besondere Grausamkeit hervortat, und mit dem sich Eberhard in das kleine Erbe teilen musste.

Durchmustert man die ersten urkundlich von Eberhard überlieferten Daten, so verstärkt sich der Eindruck eines verarmten Geschlechts: 1483 wird er erstmals als Beteiligter an einem Raufhandel in Ravensburg erwähnt, später müssen er und sein Bruder das Stammschloss Neuhewen verkaufen und bis ins erste Viertel des 16. Jahrhunderts hinein versuchen, durch Veräusserung von Grundstücken und Herrschaftsrechten zu Geld zu kommen. In der adligen Tradition aufgewachsen, konnte Eberhard von Reischach, für den die Übernahme eines geistlichen, mit einer Pfründe dotierten Amtes offensichtlich nicht in Frage kam, nur auf den Dienst im Sold eines gut zahlenden Herren setzen. Neben dem Herzog von Württemberg und dem Herzog von Tirol, dem Statthalter der vorderösterreichischen Gebiete des Hauses Habsburg, boten sich die eidgenössischen Orte und auch der König von Frankreich an. Dabei bestand durchaus die Möglichkeit, mehreren Herren gleichzeitig zu dienen, um auf diese

Weise das Einkommen zu erhöhen, zumal Zahlungskraft und Zahlungswille der jeweiligen Herren von den unruhigen politischen Zeiten stark beeinträchtigt werden konnten.

Seinen ersten Dienst als Söldnerführer leistete Eberhard von Reischach für die Stadt Zürich, deren Fähnlein er 1499 befehligte, als die Eidgenossen im Krieg gegen den Schwäbischen Bund und den Kaiser – dem sogenannten Schwaben- oder Schweizerkrieg – in den Hegau einfielen. Noch im gleichen Jahr wurde der Krieg, in dem sich die Eidgenossen gegen den deutschen Kaiser behauptet hatten, durch den Frieden von Basel beendet. Eberhards Leistungen in diesem Kriegszug müssen die Obrigkeit von Zürich von seinen militärischen Fähigkeiten überzeugt haben, denn sie schenkte ihm bereits im Jahr 1500 das Bürgerrecht der Stadt. Der erfolgreiche Kriegsmann festigte seine Beziehungen zu Zürich weiter, indem er wenig später (1503?) Verena Göldli aus dem einflussreichen Zürcher Bürgergeschlecht heiratete. Von ihr hatte er vier Kinder. Mit dem Krieg ging aber auch sein Auftrag zu Ende; sein neuer Dienstherr wurde der junge, tatendurstige Herzog von Württemberg, der am 13. Mai 1500 mit den eidgenössischen Orten ein Bündnis für zwölf Jahre geschlossen hatte und sich der Stadt Zürich besonders verbunden fühlte. Als Zeichen seiner Verbundenheit sandte er nach Zürich zwei Eber samt drei Fäßchen Hochwildbret «zu Weihnachten an der Tagsatzung mit schönen Frauen zu verzehren»[1].

Von jetzt an wurde das Leben Eberhards von Reischach bestimmt durch die Taten und Schicksale Herzog Ulrichs. Eberhard war sein Vogt im elsässischen Reichenweiher und in Tübingen, übernahm diplomatische Missionen als Unterhändler bei den Eidgenossen und dem König von Frankreich. Und schliesslich wirkte er als Werber und Anführer von Söldnern, wozu auch die Beschaffung von Geld zur Finanzierung der kriegerischen Unternehmungen und zur Bezahlung der Söldner gehörte. Aus den Einkünften, welche vor allem die dritte dieser Funktionen brachte, musste er seinen Lebensunterhalt bestreiten. Folgte er dabei dem Vorbild, das der Herzog seinem Hof bot, müssen die Aufwendungen beträchtlich gewesen sein.

1512 führte der Schwäbische Bund im Auftrag des Kaisers eine Strafaktion durch gegen Hans Benedikt Ernst von Friedingen zu Hohenkrähen, weil er den Landfrieden gebrochen hatte. Eberhard von Reischach, der mit dem Friedinger eng verwandt war, befand sich zum Zeitpunkt der Belagerung auf dem Hohenkrähen. Noch vor der Eroberung der Burg gelang es beiden, gemeinsam in die nahe Eidgenossenschaft zu fliehen. Von dort aus machte Reischach gegen den Schwäbischen Bund Regressansprüche geltend für die Habe, die er in der Burg gelagert und bei ihrer Eroberung verloren hatte. Er liess sich dabei kräftig vom Rat der Stadt Zürich unterstützen, erreichte auch eine rasche und hohe Entschädigung, während ein anderer Kläger in derselben Situation vom Schwäbischen Bund abgewiesen wurde. Diese Episode zeigt, wie hartnäckig und erfolgreich sich Reischach durchzusetzen vermochte, wenn es um Geld ging, das ihm seiner Ansicht nach zustand. – Ein Charakterzug, den er auch nach seiner Heirat mit Katharina von Zimmern, wie sich zeigen wird, nicht verleugnet hat.

In den folgenden Jahren verschlechterte sich die Lage Herzog Ulrichs mehr und mehr; nach der Ermordung Hans von Huttens wurde er 1516 zum erstenmal, 1518 wegen einem Überfall auf die Reichsstadt Reutlingen erneut geächtet. Reischach hatte 1518 als Vogt von Tübingen den Auftrag, Söldner anzuwerben, da Herzog Ulrich nur in einem militärischen Schlag glaubte, sich von der Acht befreien zu können, durch die ihm sein Herzogtum entzogen worden war. Auf insgesamt zehn Tagsatzungen der Eidgenossen (1516–1519) sowie auf dem Reichstag von Augsburg im September 1516 vertrat er die Sache des Herzogs. Auf den Tagsatzungen war er unermüdlich bemüht, die Eidgenossen zu einem aktiven Eingreifen zugunsten des Herzogs zu ermuntern. Er erreichte jedoch nur, dass sie sich beim französischen König verwenden wollten, der Ulrich noch Gelder für Kriegsdienste schuldete. Inzwischen gingen die Kriegsvorbereitungen weiter.

Reischach warb einfache Kriegsknechte und auch Hauptleute an, was nicht bei allen Eidgenossen Beifall fand: In diesen Jahren (nach der Schlacht bei Marignano) begannen einzelne Orte der Eidgenossenschaft das Reislaufen einzuschränken, schliesslich zu verbieten und Übertretungen des Verbots zu bestrafen. Nun wurde auch Reischach aufgefordert, Rechenschaft über seine Umtriebe abzulegen. Trotzdem setzte er seine Bemühungen fort, Geld und Söldner für den Herzog zu beschaffen, der bei Blaubeuren sein Heer versammelte, um die Entscheidung gegen den Kaiser und den Schwäbischen Bund mit der Waffe zu suchen. Die Eidgenossen bemühten sich, den Zuzug von Kriegsknechten zu unterbinden. Den Werbern wurde mit scharfen Massnahmen gedroht, und die Stadt Baden erhielt am 26. 2. 1519 die Aufforderung, Eberhard von Reischach, Albrecht von Landenberg und Wilhelm von Payer gefangenzunehmen, falls sie die Stadt betreten sollten. Trotz dieser strengen Verfügungen war «der Strom nicht mehr aufzuhalten». Die Gesandten des Schwäbischen Bundes bei der Tagsatzung in Zürich erreichten einen förmlichen Rückruf der Ausgezogenen. Daher schrieben die dort versammelten Stände noch am 4. März 1519 allen Knechten aus den eidgenössischen und zugewandten Orten, welche dem Herzog zugezogen waren, bei ihren Eiden und bei Verlust ihrer «ern, libs und guts» den Dienst des Fürsten zu verlassen und heimzukehren.[2]

Den Gehorsamen wurde Verzeihung zugesichert. Diese Amnestie galt aber nicht für die Offiziere und Werber. Trotzdem blieb Reischach dem Herzog treu, und als die Botschaft der Eidgenossen bei den vor Blaubeuren liegenden Soldaten eintraf, versuchte er noch, deren Verkündigung zu verhindern, bis das Schwert entschieden hätte. Dazu kam es nicht mehr. Die Söldner schöpften Verdacht und machten sich flugs auf den Heimweg; es sollen zwischen 7000 und 16 000 Mann gewesen sein. Damit war der Kampf verloren und Reischach wurde in den Strudel der Niederlage hineingezogen. Ulrich verlor sein Land; erneut mit der Acht belegt, sah er sich gezwungen, zunächst in der Eidgenossenschaft Zuflucht zu suchen. Reischach blieb auch hier sein treuer Begleiter; nach Zürich durfte er aber nicht mehr zurück, wenn er nicht Kopf und Kragen riskieren wollte. Er galt neben

Albrecht von Landenberg als der Hauptschuldige am Auszug der Schweizer Landsknechte. Anna Feyler bemerkt dazu: «Auch die Schuld Eberhards von Reischach wurde offenkundig. Während der Tagsatzung am 1. April 1519 überbrachte man dem Zürcher Rat ein Kästchen mit seinen Schriften, durch welche... hochangesehene Männer stark kompromittiert wurden.... Reischachs Haus und Besitz wurden ergriffen, auch suchte man seiner Person habhaft zu werden. Da dies nicht gelang, wurde er ‹in contumaciam› [d. h. wegen Mißachtung der ergangenen Ladung] zum Schwert verurteilt».[3] Das Urteil erfolgte nach Bullinger am 3. Mai 1519, nach den Unterlagen des Staatsarchivs Zürich bereits am 12. April. In den Eidgenössischen Abschieden findet sich zum 1. April 1519 folgende Notiz: «Die Boten wissen ihren Herren zu sagen, wie Eberhard von Rischach zu Hauptleuten bestellt hat Herrn Werner von Megen mit 300 Knechten und Ulrich Huser auch mit 300, um dem Herzog von Württemberg gegen Jedermann, ausgenommen gemeine Eidgenossen zuzuziehen. ‹lut des zedels, der hinder [d.h. bei] dem von Rischach ist funden›».[4] Dass Eberhards Haus in Zürich durchsucht, geplündert und sein Besitz konfisziert wurde, geht auch aus einem Bericht hervor, den der kaiserliche Gesandte Maximilian von Zevenberg von Konstanz aus an Kaiser Karl V. richtete. Das Vorgehen Zürichs gegen Reischach war für die Gegenseite von besonderem Interesse, da man hinter den Machenschaften des Herzogs und seines Helfers Reischach den Einfluss des französischen Königs vermutete, der mit dem Einsatz von hohen Geldzahlungen an deutsche Fürsten seine Wahl zum Kaiser zu erreichen gesucht hatte.

Der Hinweis auf Reischachs Haus in Zürich beleuchtet auch die Stellung, die er bis 1519 in Zürich einnahm. Das von ihm bewohnte Haus war nach den Unterlagen des baugeschichtlichen Archivs der Stadt Zürich das «Haus zum Rechberg» am Neumarkt Nr. 6, einem vornehmen Wohnviertel der Stadt. Nach J. Schneider[5] hat nach dem Jahr 1480 Lazarus Göldli, der Gegner Hans Waldmanns, dort gewohnt. Wenn also Reischach mindestens von 1517 bis 1519 dort mit seiner Familie sich niedergelassen hatte, so weist dies erneut auf die grosse Bedeutung hin, welche die familiäre Beziehung zur führenden Schicht Zürichs für den Neubürger Reischach hatte. Denn Lazarus Göldli war sein Schwiegervater gewesen.

Zehn Jahre sollten vergehen, bis Eberhard von Reischach den Boden Zürichs wieder betreten durfte. Die Jahre seines Exils waren erfüllt von unermüdlicher Reise- und Vermittlertätigkeit für Herzog Ulrich, der immer noch unentwegt das Ziel verfolgte, sein Herzogtum wiederzugewinnen und sich dafür mitten im vorderösterreichischen Gebiet den Hohentwiel als Stützpunkt sicherte. Die Zeit von 1519 bis 1529 brachte neue Elemente in die Politik des Herzogs, weil die beginnende Reformation die politische Landschaft in Deutschland grundlegend veränderte.

Über den in Basel wirkenden Reformator Ökolampad, der aus Württemberg stammte und daher ursprünglich ein Landeskind Ulrichs war, kam der Herzog in Kontakt mit Zwingli. Dessen Meinung über den landflüchtigen Herzog war anfänglich nicht besonders günstig gewesen. Doch änderte sich dies. Ulrich nützte die Gelegenheit, Zwingli bei einem Besuch in Zürich predigen zu hören, und suchte ihn auch persönlich auf. Der Reformator sah jetzt eine Möglichkeit, sein reformatorisches Werk politisch zu sichern durch eine antihabsburgische Koalition, die gewissermassen eine Verteidigungslinie gegen den Kaiser und die katholischen Stände aufbauen sollte von Hessen, dessen Landgraf Philipp ein Verwandter und Beschützer Ulrichs war, über Württemberg bis Zürich unter Einschluss bedeutender Reichsstädte wie Strassburg, Basel und Bern, die bereits der Reformation beigetreten waren. Ulrich selbst erblickte in diesem Zusammenschluss der reformatorischen Kräfte eine neue Chance, die Wiedergewinnung seines Herzogtums voranzutreiben.

Wichtig war für den Herzog, die Erlaubnis zu erhalten, dass er nach Zürich kommen und dort persönlich vor dem Rat seine Bitte um finanzielle und militärische Hilfe vortragen konnte. Am 18. November 1524 ritt er mit seinem Gefolge in Zürich ein, am 23. sprach er vor dem Rat. Eberhard von Reischach war nicht in seinem Gefolge. Der Geleitbrief für den Herzog vom

12. November stellte ihm die Bedingung, «dass er weder den Eberhard von Reischach noch andere, die dieseits in Ungnade stehen, mit sich bringen und auch für sie nicht bitten oder sonstwie handeln solle»[6]. Der Auftritt des Herzogs vor dem Rat der Stadt Zürich fiel fast auf den Tag zusammen mit dem Zeitpunkt, da sich die Äbtissin anschickte, die Abtei mit all ihren Besitzungen und Rechten der Stadt zu überstellen. Sie zog damit den Schlussstrich unter die Geschichte der Abtei als einer geistlichen Einrichtung und brachte eine Entwicklung zum Abschluss, welche die einst mächtige Abtei zu einer dem Rat der Stadt unterworfenen Einrichtung hatte werden lassen. Nun ging sie vollends in deren Besitz über.

Die Heirat Katharinas von Zimmern mit Eberhard von Reischach

Was den Kriegsmann Reischach und die ehemalige Äbtissin veranlasste, in bereits fortgeschrittenem Alter die Ehe miteinander einzugehen, wissen wir nicht, weil beide nichts hinterlassen haben, was uns einen authentischen Aufschluss etwa über die gegenseitige Zuneigung oder die Nützlichkeitserwägungen auf beiden Seiten geben könnte. Möglich ist, dass Eberhard von Reischach die Gelegenheit wahrnahm, nach dem Tod seiner ersten Frau seinem Haushalt wieder eine fürsorgliche Betreuerin zu geben. Über den Zeitpunkt des Todes der Verena Göldli fehlen jegliche Nachrichten; wir wissen nicht, ob sie bereits vor der Verbannung ihres Mannes gestorben ist oder mit ihm dieses Los teilen musste. Wenn die Nachrichten stimmen, dass sein einziger Sohn Anstett zuerst Mönch in St. Blasien und eine seiner Töchter Nonne in Berau war, so lebten um das Jahr 1524 zumindest diese beiden Kinder wohl nicht mehr mit der Familie in Schaffhausen, da normalerweise der Eintritt in ein Kloster in sehr jungen Jahren erfolgte. Anstett heiratete später in Zürich 1530 gegen den Willen seines Vaters eine Tochter des Bürgermeisters Schmid; er fiel wie sein Vater in der Schlacht bei Kappel; die Berner Chronik zählt ihn zu den ‹geistlichen der stat›, die in der Schlacht den Tod neben Zwingli fanden. Die beiden anderen

Töchter waren um die zwanzig Jahre alt, als ihr Vater ein zweites Mal heiratete.

Beide heirateten erst später; Katharina nahm einen Ulrich Hammer von Thättingen zur Ehe, Anna heiratete in zweiter Ehe in die Familie Mandach ein, mit der sich dann auch Katharina von Zimmerns einzige Tochter Anna durch Eheschliessung verband.

Für Katharina von Zimmern stellte sich die Lage anders dar. Zwar war es nicht ungewöhnlich, dass eine Frau ihres Alters heiratete. In erster Linie liess die Notwendigkeit, im Alter versorgt zu sein, einen derartigen Entschluss reifen. An geeigneten Ehepartnern fehlte es in der Regel nicht, da die Lebenserwartung für beide Geschlechter niedrig war. Hinzu kam, dass die reformatorische Bewegung mit ihrer strikten Ablehnung des aus der Bibel nicht begründbaren Klosterlebens viele Frauen, ob jung oder alt, zu einer Heirat zwang, weil ein eheloses Leben ausserhalb eines Klosters nur unter erschwerten Bedingungen möglich war. Was die rein materielle Versorgung anlangte, hatte sich Katharina, wie schon erwähnt, abgesichert. Fraglich bleibt, ob sie sich dem Druck hätte entziehen können, der auf die Nonnen ausgeübt wurde, sodass sie in den ersten Jahren der Reformation scharenweise, freiwillig oder unfreiwillig, die Klöster verliessen. Immerhin muss für sie der Schritt aus 32 Jahren Klosterleben, davon 28 Jahre in leitender Stellung, grosse Veränderungen mit sich gebracht haben. Sie verzichtete auf ihre bisherige Unabhängigkeit, um sich der Verfügungsgewalt eines Mannes zu unterwerfen, wie es die neue Doktrin gebot. Meyer von Knonau urteilt über Reischach, es sei sicher, dass «ein wildes und abenteuerliches Leben hinter ... (ihm) zurücklag, als er mit dem Fräulein von Zimmern seine Ehe einging».[7]

Woher kannten sich die beiden Partner? Wo, wie und wann kam die Heiratsabrede zustande? Wo heirateten sie?

Seit Mai 1519 hatte Eberhard von Reischach den Boden Zürichs nicht mehr betreten dürfen, wenn er nicht sein Leben aufs Spiel setzen wollte; seitdem waren fast sechs Jahre verflossen. Daraus kann geschlossen werden, dass die künftigen Ehepartner sich schon vor dem Jahr 1519 gekannt haben und dass es zwischen beiden während der Zeit der Verbannung Reischachs Verbindungen gegeben haben muss, die eine Heiratsabrede und die notwendigen Vorbereitungen dazu ermöglichten. Denn *eines* war klar: In Zürich konnte die Hochzeit nicht stattfinden. Woher kannten sich also die beiden? In seinen «Geschichten Schweizerischer Eidgenossenschaft» schildert Johannes von Müller, wie sich Herzog Ulrich 1519 bemühte, für seine Unternehmung gegen den Schwäbischen Bund Söldner anzuwerben: «Eberhard von Reischach, den Eidgenossen als Bürger von Zürich besonders nahe, erschien auf verschiedenen Tagen. Den Herzog zu entschuldigen, um Vermittlung zu bitten, war sein öffentlicher Auftrag; die Angeseheneren zu bearbeiten, Freiwillige zu werben, sein geheimer. Er fand Gehör, freilich auch Widerstand und Ankläger in Bern, gewann in Zürich die Freundschaft der Äbtissin am Fraumünster und des Bürgermeisters Schmid».[8] Leider sagt Johannes von Müller nicht, auf welche Quelle sich seine Behauptung stützt; immerhin ist der Hinweis auf Bürgermeister Felix Schmid aufschlussreich, denn 1530 heiratete, wie bereits erwähnt, Reischachs Sohn Anstett im Grossmünster die Tochter dieses Mannes.

Die Bekanntschaft des Diplomaten und Soldaten Reischach mit Katharina von Zimmern war aber sicher älter: Er war seit 1500 Bürger von Zürich, mit einer Zürcherin aus dem Patriziat verheiratet und wohnte bis 1519 in der Stadt. Als Äbtissin war Katharina von Zimmern seit 1496 am gesellschaftlichen Leben der Stadt beteiligt, sie konnte jederzeit das Kloster verlassen und festliche, von der Stadt organisierte Veranstaltungen besuchen. So war sie mit den Akteuren des öffentlichen Lebens bestens vertraut, und es konnte auch nicht ausbleiben, dass die beiden einander bei mancherlei Anlässen begegneten.

Weit wichtiger waren aber – was meist zu wenig beachtet wird – die familiären Beziehungen. Seit sie die Herrschaft Messkirch besassen, hatten die Herren von Zimmern Verbindungen mit dem hegauischen Adel angeknüpft, bedeutsamer war jedoch bis zur Reformation der Anschluß an das Haus Württemberg.

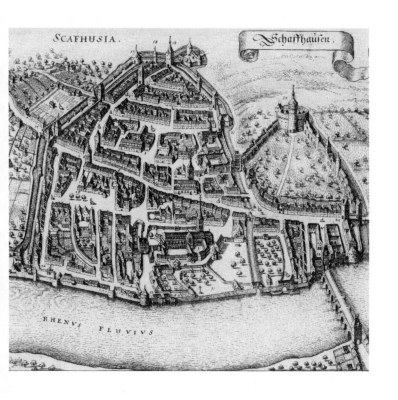

Schaffhausen. Stadtansicht aus dem 17. Jahrhundert.
Katharina wohnte mit ihrem Mann im Stadtteil Schwarztor.

Katharinas Bruder Gottfried Werner hatte zusammen mit Eberhard von Reischach am Hof in Stuttgart gelebt und hatte mit ihm gemeinsam Kavaliersdienste geleistet, als Sabina von Bayern, die Braut Herzog Ulrichs 1498 feierlich vor der Stadt empfangen wurde. Reischach könnte sehr wohl auch 1511 unter den Gästen bei der Hochzeit Gottfried Werners in Messkirch gewesen sein, an der auch die Äbtissin teilnahm. Die Braut, begleitet vom Bräutigam und Dietrich Spät, einem Vertrauten der Herzogin Sabina, kam von Nürtingen her geritten; über ihre Ankunft und die Hochzeit berichtet der Chronist: «Als sie dohin ankomen, hat die alt grefin von Ötingen, herr Gotfridt Wernhers fraw muetter, auch beider herren schwester, die abtissin von Zirich, die gest empfangen, und, wie noch die alten darvon sagen, so ist es zu eim kleinen eingezognen wesen [d.h. gemessen an der Abgelegenheit des Ortes] eine holsellige und frölliche hochzeit gewesen».[9] Es kann also kein Zweifel daran bestehen, dass die Äbtissin vertraut war mit dem Freundeskreis ihrer Brüder, zu denen Eberhard von Reischach gehörte.

Über Ort und Zeitpunkt der Heiratsabrede zwischen Katharina und Eberhard und der Eheschliessung selbst ist nichts Genaues bekannt. Reischach wohnte 1524/25 in Schaffhausen, liess sich 1527 in Diessenhofen nieder und wurde dort als Land- und Hintersasse aufgenommen.[10] In der Chronik des Bernhard von Wyss (1519–1530) heisst es – unter dem falschen Datum vom 4. Juli 1526 –: «Und also hat nun frow Catharina von Zimbern, die letst äbtißin zum Frowenmünster.....sich mit junker Äberlin von Rischach eelich vermächlet und [ist] zu im gen Schaffhußen zogen...».[11] Diese Angaben werden bestätigt durch eine Bemerkung von Johann Jacob Hottinger in seiner ‹Historia der Reformation in der Eidgnoßschaft›, wo er von der Übergabe der Abtei berichtet und hinzufügt: «Die Äbtissin wurd von dem Stand über Versehen reichlich bedacht, und blieb im Closter, bis sie Eberhard von Rischach geheuratet, welcher, nachdem er Wirtenbergische Dienste angenommen, bald zu Schaffhausen, bald zu Diessenhofen, sich aufgehalten, von Zürich An. Chr. 1529 begnadet worden...».[12] Ob Herzog Ulrich bei seinem Besuch in

Diessenhofen 1548.
Eberhard von Reischach und Katharina
bewohnten möglicherweise einige Zimmer im Oberhof.

Zürich als Mittelsmann diente? Das lässt sich bei dem engen Vertrauensverhältnis zwischen Reischach und ihm vermuten, aber nicht beweisen. Der Herzog ritt am 1. Dezember 1524 nach Schaffhausen; Reischach befand sich Mitte Dezember in Baden auf der Tagsatzung, als in Zürich die Äbtissin gerade den Dankbrief des Rates der Stadt für die Übergabe der Abtei in Empfang genommen hatte. Was das Datum der Eheschliessung angeht, so schwanken in der Literatur die Angaben zwischen 1524 und 1525. Nimmt man 1524 an, hätte Katharina von Zimmern unmittelbar nach Entgegennahme des Schreibens des Rats vom 8. Dezember 1524 die Stadt verlassen, wäre nach Schaffhausen gereist und hätte dort noch vor Jahresende geheiratet. Ein Zeitpunkt zu Beginn des Jahres 1525 dürfte wahrscheinlicher sein. Schliesslich musste ja auch die Wohnung geräumt und das Umzugsgut nach Schaffhausen gebracht werden. Im Dezember hätten wohl auch die Weihnachtsfeiertage ein Hindernis darstellen und einen kleinen Aufschub ratsam machen können. Ein anderer Hinweis kommt hinzu: Zwingli nennt Katharina in einem Brief an Vadian vom 19. Januar 1525 abbatissa und domina.[13] Der Briefzusammenhang lässt zwar offen, ob sie sich zu diesem Zeitpunkt noch in Zürich aufhielt; dennoch ist fraglich, ob Zwingli ihre Amtsbezeichnung nach ihrer Abreise noch verwendet hätte. Ein sicheres Datum ante quem lässt sich für 1526 gewinnen. Damals hatte sie ihre ursprünglich auf Lebenszeit zugesicherte Wohnung in der Abtei bereits aufgegeben, denn im Juni 1526 stellten die Richter des neugebildeten Ehegerichts an den Rat den Antrag, ihnen die Nutzung von Räumen im Äbtissinnenbau zu gestatten, weil es dort genügend Platz gebe und «ob schon die frow [d.h. die rechtmässige Wohnungsinhaberin, nämlich die ehemalige Äbtissin] wider käme».[14] Zur weiteren Verwendung der Räumlichkeiten vermerkt J. J. Hottinger in seiner Historia der Reformation: «Die Behausung wird dieser Zeit bewohnt, theils von einem Amtmann, (dergleichen schon vor der Reformation bey der Abtei gewohnet,) theils von einem Inspectore, und studierenden Knaben, welche oberkeitlich verköstet werden...».[15] Katharinas Abschied aus ihrem Amt und die damit notwendig gewordene Neuorientierung, Eberhards persönliche Verhältnisse, seine Lage als Witwer und Vater noch nicht versorgter Töchter, sowie seine ruhelose berufliche Tätigkeit und die langjährige persönliche Bekanntschaft ergaben viele Motive, die zu einer Eheschliessung führen konnten.

Lässt man für Katharina von Zimmern die Vermutung gelten, dass sie nicht unter Druck, sondern aus innerer Überzeugung der Reformation folgte, so sollte auch bei Eberhard von Reischach die Frage nach seiner religiösen Überzeugung gestellt werden. Noch weniger als bei seiner Frau ist dazu aus den Quellen belegbare Klarheit zu gewinnen, es sei denn, man schliesse auch bei ihm allein aus der Tatsache, dass er die ehemalige Äbtissin geheiratet hat, auf eine Annahme des reformatorischen Bekenntnisses. Vielleicht blieb ihm keine andere Wahl, wenn er sein Dienstverhältnis beim Herzog nicht aufgeben wollte, als sich wie dieser Zwinglis Lehre anzuschliessen. Als es hauptsächlich wegen der verschiedenen Auffassung des Abendmahls zur Auseinandersetzung zwischen Luther und Zwingli kam und Herzog Ulrich aus Rücksicht auf die Entwicklung in seinem Herzogtum sich den Lutheranern zuwandte, blieb Eberhard von Reischach der Sache Zwinglis treu. Innere Überzeugung und die Möglichkeit, so wieder nach Zürich zurückkehren zu können, haben dabei wohl mitgespielt. Ohne Zustimmung zum neuen Glauben hätte er sich auch kaum für die Sache Zürichs und an Zwinglis Seite in den Kappeler Kriegen eingesetzt.

Andererseits gehörte er einer Familie an, die von einer Ausnahme abgesehen beim alten Glauben blieb. Es kann also nicht verwundern, dass gerade er im Jahr 1530 in Zürich den Auftrag erhielt, Nonnen des Klosters Diessenhofen, seinem langjährigen Wohnort, nach Engen zu bringen. Die Nonnen, unter ihnen eine geborene Reischach, widersetzten sich der Reformation. Man hoffte wohl in Zürich, er könne dank der Vertrautheit mit den Verhältnissen in der kleinen Stadt und mit Hilfe seiner familiären Beziehungen die Nonnen doch noch zur Aufgabe ihres Klosterlebens bewegen. Zu diesem Zeitpunkt hatte Reischach endlich die Genehmigung zur Rückkehr nach Zürich erhalten.[16]

Ausschlaggebend für ihn waren vermutlich nicht religiöse Gründe, sondern die Möglichkeit, angesichts der Kriegsgefahr ein militärisches Kommando zu übernehmen und sich so eine neue Einnahmenquelle zu erschliessen.

Es bleibt die Frage zu beantworten, ob die Heirat Katharinas von Zimmern mit Eberhard von Reischach die Beziehungen der Stadt Zürich zu ihr beeinflusst hat, war doch in dem Moment der Ehemann noch in der Acht und zum Tode verurteilt.

Ohne Ausnahme wird in der Literatur die Übergabe der Abtei und die Verheiratung Katharinas mit ihrer Zustimmung zur Lehre Zwinglis begründet, als ungezwungen, «onbetzwungenlich», wie es in der Übergabeurkunde heisst, und als Ausdruck ihrer reformatorischen Überzeugung vom freien Christenmenschen, wie Vogelsanger in seiner Interpretation der Urkunde meint.[17] Doch konnte sie ihren Entscheid wirklich treffen ohne jeglichen Druck der Obrigkeit, die in der Urkunde wie üblich tituliert wird als «strengen vesten fürsichtigen Ersamen und wisen Bürgermeister und Rat der Statt Zürich unsern liben Hern und fründen»? Zweifel daran sind erlaubt, weil sich die Äbtissin in der Übergabeurkunde auf die besonderen Zeitumstände bezieht. Sehr schnell nach der Aufhebung des Stifts wurde das Münster von den «Götzen» gereinigt und der Fronaltar abgebrochen, seine Bruchstücke wurden zur Errichtung von Zwinglis Kanzel im Grossmünster verwendet. Es bleibt der Phantasie überlassen, sich vorzustellen, was Katharina von Zimmern empfand, als sie von der Zerstörung des Fronaltars erfuhr, vor dem sie ihre Gelübde abgelegt hatte und zur Äbtissin geweiht worden war, oder als die Eiferer auch vor der letzten Ruhestätte der Chorfrauen nicht haltmachten, wo kaum zwei Jahre zuvor Katharinas ältere Schwester beigesetzt worden war. Empfindungen der Trauer über das Verlorene – wenn es sie gab –, konnten der Äbtissin jedoch nicht die Einsicht verstellen, dass die Abtei, deren Herrin sie fast drei Jahrzehnte lang gewesen war, keine Daseinsberechtigung in der alten Form mehr hatte, nachdem sie als einzige Chorfrau nur noch allein in dem von ihr selbst errichteten Gebäude lebte. Verwunderlich ist nur, dass nach den überschwenglichen Dankesworten des Rates, hinter denen sich die

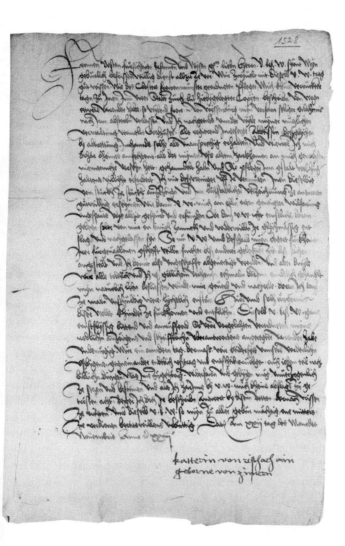

Katharinas Unterschrift auf einem Brief an den Rat vom 22. November 1528.

tiefe Genugtuung über den gewaltigen Zuwachs an Besitz verbarg, kein Wort darüber verloren wird, dass die ehemalige Äbtissin und eben erst mit dem Bürgerrecht der Stadt ehrenvoll Beschenkte sich mit einem geächteten Feind der Stadt verband. Sollte man etwa insgeheim froh darüber gewesen sein, auf diese Weise allen denkbaren Verwicklungen entkommen zu sein?

Nur ein einziges Zeugnis gibt es dafür, dass die Stadt mit der ehemaligen Äbtissin Kontakt aufnahm, indem sie von ihr Rechenschaft über ihre Verwaltung forderte. Das Rechtfertigungsschreiben vom 22. November 1528 ist die einzige persönliche Äusserung Katharinas in schriftlicher Form, die erhalten geblieben ist.[18] Viele Forscher haben aus der Tatsache, dass die ehemalige Äbtissin die Ehe mit Eberhard von Reischach einging und zunächst für unbestimmte Zeit Zürich verliess, geschlossen, dass ihr mit ihrem Weggang auch die ausgehandelte Versorgung aus dem Abteivermögen durch den Rat der Stadt gestrichen worden sei. Als Beweis dafür dienten die Forderungen Reischachs an die Brüder Katharinas nach einem ihr gebührenden Anteil an dem zimmerischen Erbe. Nach Reischachs Tod erhob sie selbst noch einmal diesen Anspruch, und schliesslich wurde er auch von der Stadt Zürich zugunsten der Tochter der inzwischen verstorbenen Katharina erneuert. Dass ihr «der Rat von Zürich die grosszügige Pension nach ihrer Verheiratung kurzerhand entzogen (habe)», wie noch Vogelsanger schreibt,[19] wird durch die Abrechnungen des Fraumünsteramtes widerlegt. Es lohnt sich, kurz auf sie einzugehen und auch den Text der Übergabeurkunde in dieser Hinsicht zu prüfen.

Die «Rechnung Umb das Usgeben dess Gotshuses Frauwen-Münster»[20] wurde nach kurzer Unterbrechung in den Jahren 1525 und 1526 im alten Verwaltungssystem wieder sorgfältig geführt. Für das Jahr 1527 – also zu einem Zeitpunkt, da sich Katharina von Zimmern zusammen mit ihrem Mann in Diessenhofen aufhielt – nennt die Rechnung unter dem Titel «usgeben miner gnedigen frowen: 100 mütt kernen, 23 malter haber, 353 lb, 65 eimer win». Diese und weitere Ausgaben, zum Beispiel für Holz aus dem ehemaligen Abteiwald, erfolgten Jahr für Jahr in gleicher Weise.

Jedenfalls hat sich der Rat der Stadt an sein feierliches Versprechen gehalten, allerdings auch keinen Anlass gesehen, die einmal festgelegte Höhe der Empfänge den wirtschaftlichen Veränderungen anzupassen.[21] In den für die Stadt schwierigen Jahren nach der Niederlage von Kappel minderte sich auch der Wert der Sach- und Geldleistungen, auf die Katharina von Zimmern Anspruch erheben konnte. Erschwerend für sie kam nach 1531 hinzu, dass der Beitrag ihres Mannes an den Unterhalt der Familie mit seinem Tod wegfiel, weil sich die Stadt keinen «Ehrensold» für die in der Schlacht bei Kappel Gefallenen leisten konnte.

Über die Ansprüche der ehemaligen Äbtissin entnehmen wir folgendes der Übergabeurkunde:

Die bisherige Stellung als Äbtissin und zugleich reichsunmittelbare Fürstin wird ersetzt durch die Aufnahme in das Bürgerrecht der Stadt. Die Verleihung des Bürgerrechts ist insofern bemerkenswert, als es einer – zunächst – alleinstehenden Frau verliehen wurde. Aus den Worten der Urkunde spricht einerseits das Selbstbewusstsein der Bürger, die ihr Bürgerrecht dem hohen Rang der ehemaligen Äbtissin gleichsetzten, andererseits der Respekt, den sie persönlich genoss, wenn es heisst, dass die Bürger diese Frau «um söllich ir gab und guottat.... mit allen eeren halten und getrüwlich versehen söllent und wöllent».

Auf dieses Versprechen folgen die Einzelheiten zu den künftigen Bezügen, wie sie von 1527 an in den Rechnungsbüchern des Fraumünsteramts aufgeführt sind. Es wird ihr zugesichert, dass sie «inn und by der behusung, darin sy jetzt ist, ouch by den krut- und boumgarten mit iro aller zugehörd on zinss» weiterhin wohnen und nutzen kann. Dazu erhält sie nach Bedarf Brennholz und die oben schon erwähnten jährlichen Natural- und Geldgaben.

Sodann wird ihr die volle Verfügungsgewalt («volle gwalt und macht») zugestanden über ihr gesamtes Einkommen, über Erspartes und Ererbtes, das sie ohne jede äussere Einflussnahme von Seiten der Stadt und wem sie es will, zuwenden oder vererben kann. Dieses grosszügige Angebot ist umso bemerkenswerter, als Katharina als alleinstehende Frau und Bürgerin der Stadt für ihre Rechtsgeschäfte keines Vogts oder sonstigen Vertreters bedurfte. Seit dem Ende des 14. Jahrhunderts hatte die Stadt ja alle Mühe aufgewendet, die Verfügungsgewalt über das Einkommen der Abtei den Äbtissinnen zu entziehen und den städtischen Pflegern zu übertragen.

Ausdrücklich gelten alle getroffenen Vereinbarungen nur zu ihren Lebzeiten. Mit ihrem Tod erlöschen die Verpflichtungen der Stadt. Gerade deshalb waren auch die Eintragungen in dem Ausgabenbuch des Fraumünsteramtes ein sicherer Beweis dafür, dass Katharina von Zimmern das Jahr 1548 nicht überlebt haben konnte. Unterdessen kennen wir ihr genaues Todesdatum: 17. August 1547.[22] Der einzige Verlust, den ihr der Wegzug aus Zürich eingetragen hat, ist das Wohnrecht in der Abtei und wohl auch die damit verbundene Nutzung des Kraut- und Baumgartens. Warum die Stadt nach ihrer Rückkehr 1529 dieses Recht nicht wieder aufleben liess, ist nicht überliefert. Es mochten praktische Gründe eine Rolle spielen, wie etwa die Tatsache, dass die Gebäude der Abtei inzwischen eine andere Verwendung gefunden hatten. Ausserdem betrafen die Bestimmungen des Vertrags nur ihre Person und nicht ihren Ehemann.

Sieben Jahre gemeinsames Leben

Auch wenn die Nachforschungen in den Steuerbüchern Schaffhausens kaum konkrete Ergebnisse zeitigten, so spricht doch die grösste Wahrscheinlichkeit dafür, dass Katharina von Zimmern bald nach Aufgabe der Abtei nach Schaffhausen reiste, dort heiratete und die ersten Ehejahre zusammen mit ihrem Mann verbrachte, bis das Paar 1527 nach Diessenhofen zog.

Die wenigen Jahre ihrer Ehe mit Eberhard von Reischach können für Katharina keine ruhigen Jahre beschaulichen Zusammenlebens gewesen sein, denn sie fielen zusammen mit dem zweiten Versuch Herzog Ulrichs, sein Herzogtum wiederzugewinnen. Zürich hatte nochmals ein strenges Verbot des Reislaufens erlassen, als offenbar wurde, dass Ulrich mitsamt den aufrührerischen Bauern des Klettgaus und Hegaus und mit verbotenerweise angeworbenen Schweizer Söldnern zur Wiedereroberung seines Herzogtums aufbrechen wollte. Bereits am 23. Februar 1525 rückte er von Schaffhausen mit 500 Söldnern ab; Knechte aus Zürich unter der Führung des Onofrius Setzstab, eines heftigen Gegners Zwinglis, folgten. Zwar gelangte Ulrich bis nach Stuttgart, aber noch auf dem Weg dorthin verliessen ihn Teile der Söldner wegen ungenügender Bezahlung, und vor Stuttgart machten sich die meisten von denen, die noch ausgeharrt hatten, aus dem Staub; der Herzog musste ihnen fluchtartig folgen. Schon am 13. März war er wieder in Schaffhausen. die Söldner wurden bei ihrer Heimkehr auf Berner Gebiet milder, im Zürcher Herrschaftsbereich strenger bestraft. Die Folgen der erneuten Niederlage seines Herrn musste Eberhard von Reischach mittragen, und es ist möglich, dass er unter anderem aus diesem Grund seine Wohnung von Schaffhausen nach Diessenhofen verlegte. Vielleicht auch, weil von dort aus der Auszug von Kriegsknechten leichter zu bewerkstelligen war.

Obwohl die Zimmerische Chronik keine genaueren Angaben macht, sind die beiden Kinder, denen Katharina trotz ihres fortgeschrittenen Alters das Leben geschenkt hat, wohl noch in Schaffhausen oder Diessenhofen zur Welt gekommen. In den Handschriften der Chronik ist der Name des frühverstorbenen Sohnes nicht lesbar, die Tochter Anna blieb bei der Mutter bis zu deren Tod.[23]

Auch in den folgenden Jahren war Eberhard von Reischach als Unterhändler des Herzogs eingesetzt: er suchte die Begnadigung der Reisläufer zu erreichen und den Herzog gegen Verdächtigungen, er werbe schon wieder Söldner in der Eidgenossenschaft an, zu schützen. Daneben liefen Verhandlungen mit dem französischen König und mit dem Landgrafen Philipp von Hessen in Kassel. Um dessen Unterstützung bemühte sich Zwingli, als er die kriegerische Entscheidung zwischen Zürich und den Innern Orten unausweichlich näherrücken sah und das unzureichende Militärpotential der Stadt zu stärken suchte. Dieses Bündnis hoffte Herzog Ulrich für sich auszunützen, um endlich seinem alten Ziel näherzukommen und den selbstverschuldeten Verlust seines Herzogtums wieder wettmachen zu können. Die Verhandlungen zwischen Ulrich und dem Landgrafen liefen zumeist über Eberhard von Reischach.[24] Es ist kaum anzunehmen, dass Katharina von Zimmern ihrem Mann auf all seine vielen Reisen folgte, doch manchmal mochte sie sich an ihre Mutter erinnert fühlen, die ihren Mann zum Beispiel im Jahr 1491 an den Reichstag nach Nürnberg begleitet hatte, wo er die Aufhebung der Acht zu erreichen suchte.[25]

Nimmt man den Bericht des Chronisten über den Konfessionswechsel seiner Tante wörtlich, so führte dieser zum endgültigen Bruch der Familie mit der ehemaligen Äbtissin, die man bis dahin als Zierde und Stolz des Geschlechts der Umwelt vorführen konnte. Doch waren ohnedies die Beziehungen unter den Geschwistern schon vorher nicht ungetrübt gewesen. Leider erfahren wir vom Chronisten nicht, wie sich Katharinas Mutter zum Entschluss ihrer Tochter stellte, obwohl er sonst sehr ausführlich von ihr berichtet. Sicher ist, dass Margarethe von Öttingen bis zur Aufhebung der Abtei ihre Töchter in Zürich mehrfach besuchte und dass sie über die Ereignisse in Zürich orientiert war. Sie starb erst drei Jahre nach der Übergabe der Abtei.

Eberhard von Reischach erhoffte sich wohl von der Heirat mit Katharina von Zimmern auch eigene finanzielle Vorteile. Sein Dienstherr Herzog Ulrich steckte fortwährend in Geldschwierigkeiten und Eberhards eigenes Einkommen war deshalb nie ganz abgesichert; so scheint er ein begehrliches Auge auf den Besitz der Zimmern geworfen zu haben. Wie sich schon früher gezeigt hatte, pflegte er Entschädigungsansprüche mit grosser Hartnäckigkeit geltend zu machen, und es liegt auf derselben Linie, wenn er nach der Heirat Erb- bzw. Versorgungsansprüche in Form eines «lipdings» an die Brüder seiner Frau richtete, obwohl ihm nicht unbekannt sein konnte, dass sie 1509, also während ihrer Amtszeit als Äbtissin, wohl im Zusammenhang mit den auf den Tod Gottfrieds von Zimmern erfolgten Erbauseinandersetzungen zwischen den Geschwistern, den üblichen Erbverzicht geleistet hatte. Über das Vorgehen Reischachs wusste der Chronist Froben von Zimmern in allen Einzelheiten Bescheid, betraf es ihn, den Sohn Johann Werners, doch selber. Er datiert die Heirat Katharinas auf das Jahr 1525, den Tod Reischachs 1531 erwähnt er ebenfalls und fährt dann fort: «...kurz darvor, ehe er dann mit den Zürrichern zu veldt gezogen» habe er an die beiden älteren Brüder Katharinas die Forderung nach Ausbezahlung eines Heiratsguts gestellt, oder, falls dies nicht möglich sei, eine Teilung der zimmerischen Güter verlangt, unangesehen der Tatsache, dass seine Frau vor «sibenzehen jharen» auf alle Erbansprüche verzichtet hatte. Reischach muss sein Schreiben demnach 1526 an seine neuen Schwäger gerichtet haben, etwa zu der Zeit, als er seine Wohnung von Schaffhausen nach Diessenhofen verlegte. Trotz seiner Drohungen gaben die Zimmern nicht nach, die Forderungen wurden einfach negiert, die Beziehungen zur Schwester abgebrochen, kein Gruss mehr entboten, keine Briefe mehr gewechselt, bis Katharina selbst sich 1544 an ihre Brüder wandte «um die ausstendigen leibgeding». Es ist daher durchaus wahrscheinlich, dass sie selbst nicht unbeteiligt war an Reischachs Vorgehen im Jahr 1526.

Inzwischen hatte sich der Glaubensstreit in der Eidgenossenschaft so zugespitzt, dass beide Parteien offen zur kriegerischen Auseinandersetzung rüsteten. Dies gab für Reischach wohl den Ausschlag, nach vergeblichen Versuchen die Rückkehr nach Zürich doch noch zu erreichen. In der Sammlung von Briefen von und an Zwingli sind einige Schreiben erhalten, welche die Annäherung an Zwingli und Reischachs Schritte bezeugen, die er unternahm, damit das immer noch wirksame Urteil gegen ihn aus dem Jahr 1519 vom Rat der Stadt aufgehoben wurde. Am 27. Januar 1527 richtete Leonhard Tremp aus Bern einen Brief an seinen Schwager Zwingli mit der Bitte, Reischachs Gesuch um Rückkehr nach Zürich beim Rat der Stadt zu unterstützen.[26] Unmittelbar danach, noch vor Ende Januar, ging ein Schreiben Reischachs nach Zürich ab, das inhaltlich mit Tremps Brief übereinstimmt. Die Berechtigung seiner Bitte begründet Reischach damit, dass er ein «hinder- und landsäss» von Diessenhofen geworden sei, dank dem Entgegenkommen der

Orte, welche im Thurgau die Herrschaft ausübten und zu denen auch Zürich gehörte. Zudem beruft er sich auf seine Verdienste um Zürich während des Schwabenkriegs – ein Ereignis, das zum Zeitpunkt des Schreibens allerdings bereits 28 Jahre zurücklag. Der Schlusssatz des Briefes macht deutlich, dass Reischach nach wie vor Söldner warb, dies aber nicht mehr gegen den Willen der Herren von Zürich in ihrem Gebiet tun wolllte.[27] Er verspricht, dass er «niemermehr ohn iern gunst, wissen und willen ir knecht ufwiglen, annemen oder hinweg ze fieren fiernemen welle». Von Diessenhofen aus sandte Reischach noch Ende September 1529 eine kurze Nachricht an Zwingli über die Vorgänge an der Südostgrenze des Reiches und im Breisgau.[28] Dies zeigt, dass er nun als Agent und Nachrichtenvermittler für Zürich tätig war. In der Zeit, die zwischen diesen beiden Schreiben liegt, muss es ihm gelungen sein, den Rat der Stadt gnädig zu stimmen.

Reischach kehrte also mit seiner Familie nach Zürich zurück und brachte gleichzeitig die ersehnte militärische Unterstützung mit, die allerdings zunächst einmal nicht eingesetzt werden musste, weil der 1. Kappeler Krieg mit einem Vergleich endete. Was das eigentliche Motiv für Reischach war, in fortgeschrittenem Alter nochmals zum Schwert zu greifen, im Dienst der Stadt, die ihn ein volles Jahrzehnt aus ihren Mauern verbannt und sogar zum Tod verurteilt hatte, bleibt im Verborgenen. Zeugnisse darüber existieren nicht. Sollte der Grund in einer gefestigten reformierten Überzeugung gelegen haben oder brauchte er einfach Geld? Als der Krieg unvermeidbar geworden war, zog Reischach zusammen mit Anstett, seinem Sohn aus erster Ehe, an Zwinglis Seite in den Kampf, der ihn und den Sohn das Leben kosten sollte. Die Berner Chronik des Valerius Anshelm bezeichnet ihn als einen kriegserfahrenen Ratgeber der Zürcher vor der Schlacht von Kappel, dessen Ratschläge aber nicht befolgt worden seien.[29]

Möglicherweise waren für die Entscheidung, Zürich zu unterstützen, verwandtschaftliche Beziehungen mitbestimmend: Der Befehlshaber des Zürcher Aufgebots war Georg Göldli, dem die Zürcher allerdings nicht so recht trauten, weil seine Brüder

Haus zum Bracken an der Oberdorfstrasse 17 in Zürich.
Katharinas Wohnort nach der Rückkehr nach Zürich.

auf der Gegenseite kämpften. Mit Georg Göldli war Reischach in doppelter Weise verwandtschaftlich verbunden: Anstett stammte aus Reischachs erster Ehe mit Verena Göldli, und Georg Göldli war zu diesem Zeitpunkt verheiratet mit Katharina von Waldburg, der ehemaligen Äbtissin von Königsfelden, die ihrerseits eine Cousine von Katharina von Zimmern war.

Zwinglis Tod in der Schlacht bei Kappel am 11. Oktober 1531 beendete auch die Beziehungen Herzog Ulrichs zu den Eidgenossen. Die schwierige Lage, in die der Vorort der Reformation geraten war, nahm dem Herzog die Hoffnung auf weitere Hilfe von dieser Seite. Er nützte die Auseinandersetzungen der protestantischen Fürsten mit dem Kaiser aus und konnte 1534 mit Unterstützung Philipps von Hessen in sein Herzogtum zurückkehren. Dies bedingte für ihn allerdings die konfessionelle Abkehr von Zwinglis Lehre und die Annahme des lutherischen Bekenntnisses. Damit war die Trennung endgültig geworden.

Die Jahre der Witwenschaft 1531–1548

Keine Nachricht kündet davon, wie Katharina von Zimmern den Tod ihres Mannes und ihres Stiefsohnes aufgenommen hat. Nur gute sechs Jahre war sie verheiratet gewesen, die gemeinsame Tochter Anna konnte beim Tod ihres Vaters höchstens fünf oder knappe sechs Jahre alt sein. Katharina selbst war nun eine Witwe von 53 Jahren. Über die letzten 17 Jahre ihres Lebens wissen wir so gut wie nichts, auch nicht, ob sich ihr nochmals die Chance einer Heirat geboten hat. Bei dem Netz familiärer und gesellschaftlicher Beziehungen, innerhalb dessen sie sich befand, und dem Bedarf an Frauen, der stets bestand, wäre dies durchaus denkbar gewesen. Sie besass ein gesichertes Einkommen und konnte als eine gute Partie gelten, doch hatte sie offenbar nicht im Sinn, ihren dritten Lebensabschnitt so zu gestalten.

Nach den Vermerken im Ausgabenbuch des Fraumünsteramts empfing die «eptissin», wie sie darin immer genannt wird, weiterhin die mit der Stadt einst vereinbarte Pension. Bei der Rückkehr nach Zürich richtete sich das Ehepaar Reischach mit seiner Familie im Haus «Zum Bracken» im Oberdorf ein. Die ihr zustehende Wohnung in der Abtei konnte Katharina von Zimmern, wie schon erwähnt, nicht mehr in Anspruch nehmen: von Seiten der Stadt hatte man wohl nicht damit gerechnet, dass sie dort mit einer Familie leben könnte. Erst 1540, neun Jahre nach dem Tod ihres Mannes, vertauschte sie die bisherige Wohnung mit dem Haus «Zum Mohrenkopf» am Neumarkt 13, das heute noch steht und dessen Geschichte lückenlos überliefert ist. Dort wohnte sie bis zu ihrem Tod im Jahr 1547. Als ihre Tochter im selben Jahr Hans Heinrich von Mandach heiratete, verkaufte diese den «Mohrenkopf» und zog in das danebenstehende Haus, das sich im Besitz der Familie Mandach befand.

Ruhiger waren sicherlich Katharinas letzte Lebensjahre im Vergleich zu ihren Ehejahren. Die Beeinträchtigungen des Familienlebens durch die berufliche Beanspruchung ihres Mannes, seine fortwährenden Reisen, fielen weg, ebenso die Unwägbarkeiten in den Beziehungen zu dem unsteten, erst 1534 wieder in sein Herzogtum eingesetzten Ulrich von Württemberg. Ob diese Jahre leichter zu ertragen waren? Die Last des verlorenen Krieges lag schwer auf der Stadt, und Katharina musste sie wie die anderen Bürger tragen, auch wenn ihre finanzielle Lage durch die Pension gesichert schien. Ob sie irgendeinen Anspruch auf die Hinterlassenschaft ihres Mannes erheben konnte – gesetzt den Fall, dass er überhaupt etwas hinterlassen hatte –, ist nicht belegt. Immerhin war da ja auch die Witwe seines Sohnes Anstett, die als junge Frau allein für die erst kurz vor der Schlacht bei Kappel gegründete Familie zu sorgen hatte.

Im Jahr 1544, wenige Jahre vor ihrem Tod, unternahm Katharina von Zimmern nochmals einen Vorstoss bei ihren Brüdern, um, wie es in der Chronik heisst, die «ausstendigen leibgeding» einzufordern.[30] Der nächstliegende Grund dafür war wohl, dass ihre Tochter Anna, damals etwa 18 Jahre alt, ins heiratsfähige Alter gekommen und eine Heirat in Aussicht genommen war. Die Mutter musste um eine standesgemässe Ausstattung bemüht sein, welche sie mit diesem Anspruch zu gewinnen hoffte. Sie wusste ja, dass mit ihrem Tod die Stadt die Zahlungen einstellen würde. Es ehrt den Rat der Stadt, dass er sie in dem vor Gericht ausgetragenen Streit unterstützte. Der Prozess zog sich hin; seinen Ausgang erlebte sie nicht mehr. Der Rat der Stadt übernahm für die inzwischen verheiratete Tochter Anna die Vertretung in dem Prozess und schloss mit deren Onkel Gottfried Werner von Zimmern, dem mittleren unter den drei Brüdern, einen Kompromiss, aufgrund dessen dieser seine Verpflichtung mit der Zahlung von 100 Sonnenkronen ablöste. Johann Werner von Zimmern, der Vater des Chronisten, ist fast gleichzeitig mit seiner Schwester gestorben, wie die Chronik berichtet, am 2. Februar 1548. «Derhalben die von Zirrich bei graff Johann Wörnhers erben umb antwort nachgesucht». Der Chronist vermeidet es, seinen eigenen Namen einzusetzen; er war gemeint, denn seine beiden älteren Brüder kamen als Geistliche nicht in Betracht. Sie hatten wie üblich Erbverzicht leisten müssen. Die Begründung für die abschlägige Antwort auf die Anfrage des Rats zeigt, wie sehr er sich ausschliesslich auf den juristischen Standpunkt zurückzog, wenn er schreibt: «Dieselbigen (gemeint sind die Erben Johann Werners, also er selbst) haben in kain güete bewilligen, oder vor denen von Zirrich rechten wellen, sonder rechts und aller pillichait vor ir gepürlichen und ordenlichen obrigkait sich erpotten, darauf die anforderung ersessen»[31]. Der Erbe wollte also weder gutwillig auf die Forderung eingehen und wie sein Onkel einer einmaligen Abfindung zustimmen, noch vor einem Zürcher Gericht die Angelegenheit verhandelt wissen. In seinem Groll fügt er das für ihn bezeichnende Urteil über die Aufgabe der Abtei durch seine Tante hinzu. Er schreibt: «Es hat aber die obgemelt abtissin unloblichen gehandelt, das sie diz alt, künigclich gestift, so bei kaiser Ludwigs des ersten zeiten gestift und erbawen, von merthails römischen kaisern und künigen begabt und erhalten worden, also verlassen und das umb ain leibgeding der statt Zirrich übergeben und eingeraumt hat, verwissenlich [d.h. hauptsächlich] aber in dem, das sie wider irer brüeder wissen und willen zu aim, der ir am herkomen und der gepurt nit gemeß, noch gleich, sich vermehelt. Aber wie die alten gesprochen, das die weiber lange

Haus zum Mohrenkopf, Neumarkt 13.
Hier verlebte Katharina ihre letzten Lebensjahre von 1540–1547
zusammen mit ihrer Tochter.

klaider tragen, dargegen aber kurze sinn haben, beschaint sich in diser handlung wol».

Auch die Stadt gab ihrerseits die Sache verloren, weil sie sich offenbar von einem auswärtigen Gericht, etwa dem Hofgericht in Rottweil, keinen positiven Ausgang des Prozesses versprach. Offen bleibt die Frage, warum sowohl Eberhard von Reischach wie auch Katharina von Zimmern und der Rat von Zürich sich bei ihren Forderungen nur an die beiden älteren Brüder der ehemaligen Äbtissin gewandt haben, während Wilhelm Werner, der jüngste der Brüder, unbehelligt blieb. Wurde dessen bereits 1508 geleisteter Erbverzicht von der Gegenseite anerkannt, oder scheute man sich, dem erfahrenen Juristen vor Gericht zu beggenen? Dank seiner Position als Richter am Reichskammergericht in Speyer und Inhaber der Herrschaft vor Wald wäre er durchaus in der Lage gewesen, soviel für seine Nichte aufzuwenden, wie das Gottfried Werner getan hatte. Trotz der langjährigen Entfremdung fühlte sich dieser seiner Schwester wohl doch noch enger verbunden und verpflichtet und war daher zu einer Zahlung bereit.

Neben der Erwähnung ihres Todesdatums in den Ratsmissiven und den Eintragungen im Ausgabenbuch des Fraumünsteramts über erfolgte Zahlungen an die «eptissin» sind die Ausführungen des Chronisten zu den Erbstreitigkeiten die letzte Nachricht, die wir von Katharina von Zimmern besitzen.

Pünktlich und gewissenhaft war die Stadt über 23 Jahre lang ihrer finanziellen Verpflichtung gegenüber der ehemaligen Äbtissin nachgekommen. Der Ort der Beisetzung aber war keiner Erwähnung wert. Keine Gedenktafel erinnert heute an die letzte Äbtissin des Fraumünsters, der man doch, wie es die Übergabeurkunde ausgedrückt hatte, zu ewigem Dank verpflichtet war.

Ausbau und Ausstattung der Fraumünsterabtei unter Äbtissin Katharina von Zimmern (1496–1524)

REGINE ABEGG · CHRISTINE BARRAUD WIENER

Kirche und Kloster vor 1496

In den Jahrzehnten vor dem Amtsantritt Katharina von Zimmerns als Äbtissin 1496 war der in den 1230er Jahren begonnene Neubau der Abteikirche zu einem vorläufigen Abschluss gekommen.[1] Während Chor und Querhaus gegen 1300 zügig vollendet werden konnten, kam der Bau des Langhauses nur noch schleppend und unter vielen Reduktionen des ursprünglichen Plans voran. Erst 1429 erfolgte die Einwölbung der Seitenschiffe – offensichtlich rasch und mit geringem künstlerischem Aufwand, wie der unsorgfältige Versatz der Werkstücke und der Verzicht auf bauplastischen Schmuck der Schlusssteine zeigen. Die geplante Einwölbung des Mittelschiffs war schliesslich zugunsten einer provisorischen Abdeckung ganz aufgegeben worden.[2] Die bauliche «Vernachlässigung» des Langhauses ist meist auf die schwierigen wirtschaftlichen Verhältnisse der Abtei im späteren Mittelalter zurückgeführt und als Spiegel des «Niedergangs der Abtei» gewertet worden.[3] Doch dürften in erster Linie funktionale Gründe dafür ausschlaggebend gewesen sein. Das Langhaus war für die liturgischen Funktionen des Frauenkonvents sowie als Predigtraum von untergeordneter Bedeutung.[4] Die liturgischen Akte spielten sich in den östlichen Bauteilen der Klosterkirche, in Chor und Querhaus, ab. Im grossräumigen Chor stand der den Stadtheiligen Felix und Regula geweihte Hochaltar und das Gestühl des Chorherrenkapitels, das den Messdienst versah. Das Querhaus, das während des Mittelalters die Abteikirche durch seine baulichen Dimensionen dominierte, bildete die vermittelnde Achse zwischen Abtei und Stadt: Das Südquerhaus, das an die Klausur grenzte, war als Bezirk der Klosterfrauen definiert. Hier lagen die Äbtissinnengräber und darüber die vom

Osttrakt des Kreuzgangs direkt zugängliche Nonnenempore, auf der die Konventualinnen das Chorgebet verrichteten und dem Gottesdienst beiwohnten. Der Nordflügel dagegen öffnete sich mit einem aufwendigen Masswerkfenster und dem Hauptportal der Kirche gegen den Münsterhof, den grössten öffentlichen Platz der Stadt. Hier sicherten sich Angehörige der gehobenen Bürgerschicht ihre Grablegen, unter ihnen auch Hans Waldmann (†1489), der seit 1475 – zuerst als Zunftmeister und später als Bürgermeister – als einer der vom Rat gestellten Pfleger am Fraumünster amtete. Dass sich auch der Grossteil der Altäre im Chor und im Querschiff konzentrierte, unterstreicht die sakraltopographische und repräsentative Bedeutung dieser Raumteile. Die zögerlich und offenbar nur mit minimalen Mitteln vorangetriebene Fertigstellung des Langhauses kontrastiert mit den beachtlichen Mitteln, welche die Abtei im gleichen Zeitraum in die Ausstattung von Chor und Querhaus investierte. Wahrscheinlich 1469/70 wurde unter Leitung eines Erfurter Werkmeisters zwischen Chor und Querhaus ein neuer Lettner errichtet, der sich bis heute – stark restauriert und vom ursprünglichen Standort nach Osten verschoben – erhalten hat. Wohl kurz danach entstand das neue Chorgestühl in Eichenholz, das heute wieder im Chor aufgestellt ist. Im Zusammenhang mit der liturgischen Neuausstattung des Chors dürften auch die fragmentarisch erhaltenen Fresken an der Ostwand ausgeführt worden sein, die ins letzte Viertel des 15. Jahrhunderts zu datieren sind. 1479/80 erfolgte schliesslich, auf Bestellung der Äbtissin Anna von Hewen, der Bau einer neuen, modernen Orgel, für die kein finanzieller Aufwand gescheut wurde.[5] Laut Vertrag mit dem Orgelbauer Konrad Sittinger aus der Benediktinerabtei St. Blasien im Schwarzwald sollte die vermutlich im Querhaus angebrachte Orgel in allem grösser und vollkommener sein als diejenige im Grossmünster.

Die Klostergebäude blieben trotz Umbauten nach der Reformation bis zum Abbruch 1898 bestehen und sind durch Zeichnungen, Fotografien, Pläne und Beschreibungen gut dokumentiert.[6] An der Südseite des Quer- und Langhauses der Kirche

Der Fraumünsterkreuzgang um 1898.

gruppierten sich um den Kreuzgang die Klausurgebäude. Östlich davon, im Winkel zwischen Chor und Osttrakt des Kreuzgangs, schloss sich der äussere Hof an, ein Areal mit unregelmässigem Grundriss, in dessen Mitte die Nikolauskapelle stand. Gegen die Limmat wurde dieser Hof vom Gebäudekomplex des Haber- und Werkhauses begrenzt, die Südostecke bildete ein winkelförmiger Bau, wohl die seit dem 15. Jahrhundert mehrfach erwähnte «curia abbatie»,[7] die Katharina von Zimmern durch einen Neubau ersetzen sollte. Ausserhalb dieses Komplexes lagen weitere Ökonomiegebäude, u.a. das «Früchtehaus», die Trotte und die Klosterbäckerei.

Der Stiftscharakter der Abtei verlangte von den Klosterfrauen keine strikte Ordensdisziplin. Das bezeugen unter anderem die seit dem frühen 14. Jahrhundert belegten «Hüser» der Damen, die wahrscheinlich im Westflügel und im westlichen Teil des Südflügels am Kreuzgang lagen.[8] Sie bestanden aus mindestens einer beheizbaren Kammer (Stube), einer eigenen Küche und einem Keller.[9] Die Reformbemühungen der 1430er und 1470er Jahre, die eine strengere «vita communis» der Klosterfrauen zum Ziel hatten,[10] wirkten sich auf diesen Aspekt der Lebensform im Kloster mit Sicherheit nicht aus. Noch 1484 sind in den Fraumünsterrechnungen umfassende Um- oder Neubauten der Häuser belegt, unter anderem auch die Ausstattung einer Stube der Wohnung von Caecilia oder Sibylla von Helfenstein im Westflügel des Kreuzgangs, die sich bis zum Abbruch der Klosteranlage erhalten hat und heute im Schweizerischen Landesmuseum eingebaut ist (Raum 16).[11]

Bauten und Neuausstattung unter Katharina von Zimmern

Die Errichtung eines Ölbergs

Wie ihre Vorgängerinnen investierte auch die neue Äbtissin in die Ausstattung der Kirche. 1500/1501 sind kostspielige Arbeiten an einem Ölberg nachgewiesen, für dessen Bemalung Hans Leu der Ältere (um 1460–1507) belegt ist.[12] Nach Ausweis der

Fraumünster. Blick von der Orgelempore zum Lettner und in den Chor um 1898.

Rechnungen muss es sich um eine von einem Zaun umgrenzte grossplastische, mehrfigurige Ölberggruppe gehandelt haben, wie sie für das 15. Jahrhundert in Kathedral-, Stifts- und Pfarrkirchen (u.a. auch im Grossmünster) zahlreich nachgewiesen sind.[13] Als besonders volkstümliches Andachtsbild war der Ölberg in der Regel dort aufgestellt, wo das betende Volk Zugang hatte, in oder bei der Kirche. Der Standort im Fraumünster ist nicht bekannt.

Die Neuausmalung der Marien- und Dreikönigskapelle

In die Amtszeit Katharinas fällt eine Neuausmalung der Marien- und Dreikönigskapelle im Erdgeschoss des romanischen Südturms. Die Kapelle, auf die sich vermutlich schon eine Altarweihe im Jahr 1170 bezieht, wird 1270 erstmals urkundlich erwähnt.[14] Nach einer alten Überlieferung sollen hier die Reliquien der Heiligen Drei Könige bei ihrer Überführung von Mailand nach Köln vom 23. bis 26. Juli 1164 drei Tage und drei Nächte geruht haben. Bei der Neuweihe des Altars zwischen 1319 und 1333 werden neben der Muttergottes und dem Heiligen Sakrament die Drei Könige als Patrone genannt.[15] 1336 wird zur Erinnerung an den Aufenthalt ihrer Gebeine ein grosser Ablass verliehen.[16] Diese Erinnerung blieb bis zur Reformation lebendig, ja wurde, wie die jüngsten Malereien bezeugen, nochmals nachdrücklich vergegenwärtigt. In leider schlechtem und stark verblichenem Zustand sind auf der nördlichen Hälfte des Tonnengewölbes zwei von antikisierenden Architekturen gerahmte Bildfelder zu erkennen. Gemäss den Namensbeischriften in schöner Kapitalis stellte das westliche Feld die Heiligen Blasius, Erhard, Viktor und einen weiteren Heiligen dar, das östliche die Anbetung der Könige. Unter diesem bekräftigt die fragmentarisch erhaltene Inschrift in gotischen Minuskeln die lokale Überlieferung: «in diser capell ruitind (?) die ... heiligen ... küng über nacht die nach burgund (?) ...».[17] Die Figuren lassen aufgrund des schlechten Erhaltungszustands kein stilkritisches Urteil zu. Dagegen zeugt die besser erhaltene Rahmenarchitektur – per-

Fraumünster. Lettner und Nonnenchor.
1835 nach J. Arter

spektivisch angelegt und in reinen Renaissanceformen – von einer für damalige Zürcher Verhältnisse erstaunlichen Modernität und hohen künstlerischen Qualität. Für eine Datierung der Ausmalung, zu der auch zwei perspektivisch gemalte Nischenarchitekturen an der Ostwand gehören dürften,[18] findet sich in den Fraumünsterrechnungen ein kleiner Hinweis: Unter den Ausgaben im Jahr 1515 ist nebst Auslagen für Tischmacherarbeiten und die Erneuerung des Fensters auch die grundierende Schlämme für einen Farbauftrag aufgelistet.[19] Auftraggeberschaft und Autor dieser hochrangigen Malereien sind weder in den Schriftquellen überliefert noch vom Bildprogramm herzuleiten. Dass die Rechnungen nur gerade die Ausgaben für die Vorarbeiten, nicht aber für die Malereien selbst aufführen, lässt darauf schliessen, dass diese über eine separate Rechnung liefen oder fremdfinanziert wurden – zum Beispiel in Form einer Stiftung. In jedem Fall ist davon auszugehen, dass eine Neuausstattung dieser Kapelle, die aufgrund ihrer Patronate eine bedeutende Stellung einnahm,[20] kaum ohne Mitsprache der Äbtissin erfolgte. Als Künstler wurde wiederholt Hans Leu der Jüngere (1490-1531) vermutet mit dem Argument, dass damals kein anderer Zürcher Maler mit den modernen Renaissanceformen vertraut gewesen sei.[21] Umgekehrt ist gerade die Modernität der Scheinarchitekturen als Argument gegen Hans Leus alleinige Autorschaft angeführt worden.[22] Der schlechte Zustand des Freskos und das bislang zuwenig gesicherte Oeuvre des jüngeren Leu erschweren ein sicheres Urteil darüber.[23] Ohne Zweifel ist diese qualitätvolle Ausmalung eines der frühesten erhaltenen Zeugnisse im Stil der oberitalienischen Frührenaissance auf zürcherischem Gebiet. Als solche widerspiegelt sie das hohe geistige und künstlerische Niveau, das unter der letzten Äbtissin in der Abtei gepflegt worden sein muss.

Umbauten im Klosterareal

Kurz nach dem Amtsantritt der Katharina von Zimmern setzen im Bereich der Abteigebäude umfangreiche und kostspielige Bauarbeiten ein, die mit kurzen Unterbrüchen bis 1509 andauern. Gut vier Jahre nimmt der Bau eines «neuen Hauses» in Anspruch (1497–1501), dessen Lage und Funktion nicht näher zu bestimmen sind.[24] Wiederholt verzeichnen die Rechnungen ab 1497 auch Zahlungen an Lux Zeiner, den ersten namentlich fassbaren Zürcher Glaser und Glasmaler. Noch kurz vor der Reformation investierte die Äbtissin eine beachtliche Summe in die Wiederherrichtung der Schule.[25]

Die einschneidendsten baulichen Veränderungen erfolgten jedoch im Bereich des äusseren Hofs mit dem Neubau der Prälatur. Hierzu seien einige Vorbemerkungen angeführt:

Auf dem Terrain zwischen Fraumünster und Limmat wiederholte sich um die Wende vom 15. zum 16. Jahrhundert ein Vorgang, wie er sich, drastischer allerdings, im mittleren 13. Jahrhundert auf dem Areal des Münsterhofs abgespielt hatte: Die Abtei wich zugunsten der Stadt zurück. Im 13. Jahrhundert hatte sich die Stadt auf Kosten eines ausgedehnten Friedhofs der Abtei mit dem heutigen Münsterhof einen repräsentativen Platz geschaffen – Markt- und Festplatz während der folgenden Jahrhunderte bis heute.[26] Gleichzeitig beanspruchte die Stadt mit dem Bau des ersten Rathauses (vor 1251) und eines Kornhauses auf dem Areal des heutigen Weinplatzes (spätes 13. Jahrhundert) auch den Limmatraum. In dieser Entwicklung stehen im 14. Jahrhundert die Einrichtung der Schöpfräder auf den beiden Brücken (vor 1382) und im frühen 15. Jahrhundert der Umbau des Hottingerturms zum Kaufhaus (1412) sowie der Bau von Schlachthaus und Metzg (1420).[27] Um 1500 scheint die Stadt nun auch die Uferzone beim Fraumünster zu besetzen. Vergleichen wir die zum Limmatufer parallel verlaufende östliche Baulinie des Abteikomplexes in der Ansicht von Hans Leu dem Älteren (1497/1502) und in der Grundrissaufnahme vor dem Abbruch 1898, wird deutlich, dass sich der äussere Hof des Klosters ursprünglich weiter nach Osten ausdehnte und eine grössere Fläche beanspruchte, auf der die allseitig freistehende Nikolauskapelle Platz fand. Der Südflügel der «curia abbatie» erscheint bei Leu wesentlich gestreckter als nach dem Neubau unter Katharina von Zimmern 1506/08. Mit dem Neubau der Prälatur musste demnach die Auflage verbunden gewesen sein, mit der limmatseitigen Bauflucht nach Westen zurückzuweichen. Die nördlich anschliessende Gebäudezeile (Haber- und Werkhaus) blieb vorerst in der alten Flucht bestehen. Erst der Abbruch der Nikolauskapelle nach der Reformation (1540) ermöglichte deren Neubau und Anpassung an die Flucht des Prälaturgebäudes.

Akten zu einer Auseinandersetzung über diesen Grenzbereich zwischen Abtei und Stadt sind nicht überliefert. Doch stehen die territorialen Ansprüche seitens der Stadt möglicherweise im Zusammenhang mit der Etablierung eines Werkbetriebs, der im Zuge der ausgedehnten Bauarbeiten an Kirche und Kloster in der zweiten Hälfte des 15. Jahrhunderts beim Fraumünster eingerichtet wurde,[28] und an dem auch das städtische Bauamt beteiligt war. 1497, 1504 und 1506 sind Steinlieferungen des Bauamts an die Abtei nachgewiesen, die – auf dem Wasserweg hergeführt – am Ufer beim Fraumünster ausgeladen und teilweise gelagert wurden. Im Bauamt ist in diesen Jahren eine Intensivierung der Steinarbeiten zu beobachten: 1501 erwarb Zürich einen neuen Steinbruch in Bäch, um 1508 wurde der Preis für Bruchsteine um die Hälfte reduziert und für zugehauene Quader stark verbilligt.[29] Die Uferzone beim Fraumünster begann folglich für die Stadt um 1500 eine wichtige Rolle zu spielen. Eine vollständige Besetzung des Areals war allerdings erst nach der Aufhebung der Abtei möglich, als mit der erwähnten Niederlegung der Nikolauskapelle ein Werkplatz für die städtischen Steinmetzen gewonnen werden konnte.

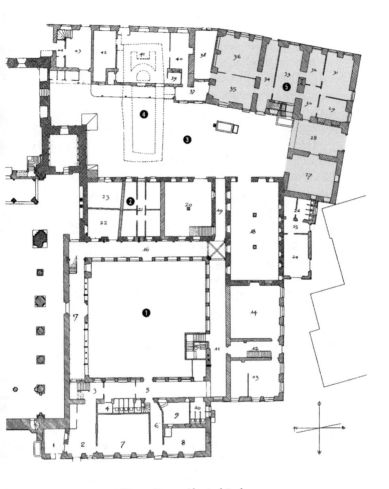

Fraumünster, Abteigebäude.
Grundrissaufnahme des Hochbauamts, 1896–1897.
Erdgeschoss:
Kreuzgang (1), Kapitelsaal (2), äusserer Klosterhof (3), Nikolauskapelle (4),
Äbtissinnenhaus «Curia abbatie» (5).
Neubau von Katharina von Zimmern.
Darüber, im 1. und 2. Stock, ihre Wohnräume.

Bau und Ausstattung der neuen «curia abbatie»

Zwischen 1506 und 1508 veranlasste die Äbtissin einen stattlichen Neubau der «curia abbatie». Trotz Verkleinerung des Areals war sie offenbar bestrebt, das Volumen des Vorgängerbaus beizubehalten oder eher noch zu vergrössern. Das verlorene Terrain gegen die Limmat kompensierte sie durch eine Ausdehnung nach Süden: In nahezu ganzer Breite sprang der Südtrakt des winkelförmigen Gebäudes über die Flucht des Klausurgevierts vor.

Der mächtige, dreigeschossige Eckbau mit Krüppelwalmdach übertraf an Volumen und Höhe die übrigen Konventgebäude und setzte an der «Nahtstelle» zwischen Abtei- und Stadtgelände einen markanten Akzent. Der Bau, als Sitz des Fraumünster-Amtmanns nach der Reformation bis zum Abbruch 1898 kaum mehr verändert, bestand aus verputztem Bruchsteinmauerwerk mit gequaderten Eckverbänden. In der äusseren Gliederung relativ schlicht, entfaltete sich im Innern ein beachtlicher Ausstattungsluxus. Davon zeugen die mit Schnitzfriesen reich geschmückten Decken in den Korridoren und die Vertäfelung zweier Zimmer, die 1892 in den Neubau des Schweizerischen Landesmuseums integriert worden sind. Die beiden aufwendig ausstaffierten (und aus diesem Grund vermutlich geschonten) Räume befanden sich im ersten und zweiten Geschoss des Osttrakts – an bevorzugter Lage mit Ausblick auf die Limmat. Durch ihre Eckposition waren sie auf zwei Seiten grosszügig befenstert. Hohe Beträge für Tischmacher-, Schmiede- und Ofenmacherarbeiten, welche die Fraumünsterrechnungen für das Jahr 1507 verzeichnen, dürften sich auf die Ausstattung der beiden durch Jahreszahlen 1507 datierten Gemächer beziehen.[30]

In den gemeinhin als «Wohn- oder Empfangszimmer» bezeichneten Raum im ersten Stock (Schweizerisches Landesmuseum, Raum 18) führte eine prächtige Tür, deren Supraporte in feiner Ritzarbeit das mit Helmzier geschmückte Allianzwappen der Zimmern und Öttingen zeigt. Die Wandverkleidung des Zimmers besteht aus schmucklosen, durch Leisten verbundenen Brettern und schliesst unter der Decke mit einem flachgeschnitz-

Das von Katharina neu erstellte Abteigebäude,
genannt der Hof, nach einer Fotografie von 1891.

ten, farbig gefassten Fries (Polychromie rekonstruiert), der eine Vielzahl figürlicher, scheinbar zufällig in die durchlaufende Blütenranke eingewobene Motive zeigt. Diese fügen sich jedoch bei genauerer Betrachtung zu einem kohärenten ikonographischen Programm zusammen, das sich an die Eintretenden zu richten scheint: Die Bildlektüre beginnt über der Tür (ursprünglich im Westen), wo uns die segnende Hand Gottes und die Inschrift «PAX VOBIS» im Medaillon in der Deckenleiste in Richtung Fensterfront im Osten weist. In der Wuchsrichtung der Blütenranke – der Leserichtung! – sehen wir im Fries zu unserer Linken nacheinander ein von Vögeln drangsaliertes Käuzchen und eine Hirschjagd. Das Motiv der Verfolgung der Eule durch Vögel ist in der mittelalterlichen Kunst weit verbreitet und mit verschiedenen Bedeutungen unterlegt. Negativ ist die Eule der ertappte und deshalb verspottete Sünder, doch wird sie vor allem im späteren Mittelalter auch positiv mit dem zu Unrecht Verfolgten gleichgesetzt.[31] In dieser Ausdeutung entspricht sie dem gejagten Hirsch, der gemäss dem populären Psalm 41/42,2 und der christlichen Jagdmetaphorik als der vom Teufel verfolgte, bei Gott Zuflucht suchende fromme Mensch identifiziert werden kann. Im anschliessenden Friesstück über der zu einem Nebengemach führenden Tür folgen die Wappen der Katharina von Zimmern, eingefasst von einem Schriftband mit der bisher ungedeuteten Devise «W W V W W». Der Fries zwischen Tür und Fensterfront, beim Einbau nach dem Original kopiert, zeigt Blütenranken mit eingewobenen Vögeln, die an einen Paradiesgarten gemahnen und zu den Darstellungen über der Fensterfront im Osten überleiten. Hier entdecken wir in den originalen Friesteilen, in eine vielfältige Flora eingefügt, den aus seiner Asche auferstehenden Phönix, den Pelikan, der seine Jungen mit dem eigenen Blut wiederbelebt und die Löwin, die ihre Jungen lebendig leckt. Es sind traditionelle Auferstehungssymbole, die innerhalb dieses Programms als Überwindung des Kampfes zwischen Gut und Böse, als das Licht und Heil – der bei der Eingangstür verheissene Gottesfrieden – zu verstehen sind. – Ein offensichtlich theologisch durchdachtes und betrachterbezogenes Programm, das sich im Sinne eines Läuterungsprozesses bedeutungstopographisch von Westen nach Osten entwickelt. Die Wappen der Äbtissin sind an der Nahtstelle zwischen der Verfolgung durch die Laster und den Paradies- und Auferstehungssymbolen angeordnet. Analog zur Plazierung von Herrschaftszeichen oder Stifterverweisen in vergleichbaren Bildprogrammen dürfte darin der Wunsch der Auftraggeberin zum Ausdruck kommen, die eigene Person unter den verheissenen Gottesfrieden zu stellen.[32] Es ist folglich davon auszugehen, dass Katharina von Zimmern selbst entscheidend auf die Bildprogrammatik eingewirkt hat.

Das Kunsthandwerk polychromierter Flachschnitzfriese dieser Art entwickelte sich ab dem ausgehenden 15. Jahrhundert zu einem blühenden Zweig der Tischmacherkunst. Geschnitzte Bordüren schmückten Kirchendecken und Gemächer wohlhabender Klöster, von denen sich auf Zürcher Gebiet eine Reihe bedeutender Beispiele erhalten hat.[33] Dabei bildete sich ein Motivrepertoire heraus, das nebst Verbildlichungen von Sprichwörtern insbesondere allegorische Tierdarstellungen umfasst. Peter Jezler hat in einer vergleichenden ikonographischen Untersuchung der Schnitzbordüren an den mit nur zwei Jahren Unterschied entstandenen Kirchendecken von Weisslingen (1509) und Maur (1511) die Unterschiede in der Verwendung – und Rezeption – solcher Motive exemplarisch aufgezeigt:[34] Reine «Genrestücke» ohne gelehrten oder didaktischen Anspruch in Weisslingen – die Zusammenfügung zu einem theologisch durchdachten Lehrprogramm in Maur. Wenn auch motivisch weniger reich und komplex, lässt sich die programmatische Disposition der Schnitzfriese in der Abteistube – zum Teil unter Verwendung identischer Motive – im gelehrten Anspruch mit derjenigen der Kirchendecke von Maur vergleichen, ja sie stellt sich wie deren einfachere Vorstufe oder Variante dar. Dieser Zusammenhang ist kaum zufällig: Die Patronatsherrin, der die Baulast für das Schiff der Dorfkirche von Maur oblag, war die Fraumünsterabtei. Der Programmentwurf dürfte demnach im geistlichen und geistigen Milieu der Abtei anzusiedeln sein.[35] Ein Bezug ergibt sich auch über den ausführenden Künstler in Maur. Der Tischmacher Hans Ininger, der die Kirchendecke in Maur signiert, war auch in der Fraumünsterabtei aktiv: 1507 wird er für die Lieferung von Holz bezahlt – im selben Jahr, das für die Zimmerausstattungen in den Rechnungen und den eingeschnitzen Jahreszahlen belegt ist.[36] Es scheint naheliegend, dass er nicht nur das Material bereitstellte, sondern auch die Schnitzereien ausführte.[37] Die Friese in Maur und in Zürich zeichnen sich durch ein kohärentes ikonographisches Programm und die hohe Qualität der handwerklichen Ausführung aus. Darin unterscheiden sie sich deutlich von den grob geschnitzten Bordüren des Ulmer Tischmachers Peter Kälin in der Pfarrkirche von Weisslingen.

Die zweite erhaltene Zimmerausstattung (Schweizerisches Landesmuseum, Raum 17) stammt aus dem sogenannten «Gastzimmer» im zweiten Stock der neuen Prälatur. Bei ähnlicher Disposition erscheint dieser Raum wie die vornehmere Variante der Stube im ersten Geschoss: Anstelle des schlichten Mittelpfostens zwischen den Fensternischen ist, wie ein Juwel, eine reich gegliederte Fenstersäule von bester Steinmetzqualität eingesetzt. Zwischen der Schnitzbordüre über dem Wandtäfer und der Decke ist ein Kranzgesims in Form einer praktisch vollplastisch, überaus kunstvoll geschnitzten und vergoldeten Blattranke eingeschoben. Über der inneren Supraporte der Haupttür mahnt in einem über zwei verschlungenen Händen kunstvoll gerollten Band der Spruch «driw ist ein gascht wem si wirt der heb si fast» («Treue ist ein Gast, wem sie zuteil wird, der halte sie fest»). Die zum originalen Bestand gehörigen Teile des Flachschnitzfrieses zeigen Szenerien und Motive, die auf den ersten Blick einen erstaunlich profanen Charakter haben. Nebst einem nackten Paar an einem offenen Feuer, über dem ein grosser Kochtopf hängt, und zwei Soldaten erweckt vor allem eine «Geschichte» unsere Aufmerksamkeit, die sich in drei Sequenzen über der Tür, die einst zu einem Nebenraum führte, entfaltet. Sie beginnt mit einem sich innig umarmenden Paar in adliger Kleidung, das auch in der folgenden Szene wieder auftritt: Vor der Halbfigur eines Knaben mit nacktem Oberkörper, der einem

Gastzimmer mit Wandfriesen.
Heute eingebaut im Landesmuseum Zürich.

Blütenkelch entwächst und die rechte Hand segnend erhebt, kniet die Dame. Die männliche Figur neigt sich zu ihr herunter und scheint sie am Nacken zu fassen. Der Segensgestus lässt eine christologische Bedeutung des Blütenkindes vermuten. Der Gesamtsinn der Szene, die durch die beiden flankierenden Damen in vornehmer Tracht den Charakter eines zeremoniellen Aktes erhält, bleibt jedoch unklar. Die letzte Bildsequenz zeigt wiederum die männliche Figur, die, zurückblickend, mit herunterhängender Fahne abzieht. Ob der Darstellung ein Exemplum zugrunde liegt oder ob der Sinn eher in der Biografie der Äbtissin zu suchen ist, müssten weitere Nachforschungen zeigen – ebenso ob eine Beziehung zu den übrigen Motiven des Frieses, zur Verfolgung des Käuzchens in der Supraporte unmittelbar darunter oder zum erwähnten, auf die Tugend der Treue anspielenden Spruch über der Haupttür besteht. Festzuhalten bleibt, dass die meisten Motive in der Schnitzbordüre dieses Raums – im Gegensatz zur andern Stube – keinem gängigen ikonographischen Repertoire entstammen und sich einer Entschlüsselung im einzelnen und im gesamten ungleich stärker widersetzen.

Auch die Korridore der neuen Prälatur liess Katharina mit reichen Flachschnitzfriesen schmücken, auf denen in kunstvoll gerollten Bändern Sprüche zu lesen sind, deren Bedeutung Christine Christ-von Wedel nachgeht.[38]

Nach dem Erhaltenen zu urteilen, ist die Innenausstattung der Gemächer und Korridore des «Hofs der Äbtissin», zu der nebst den Schnitzbordüren die reich geschnitzten Türgerichte aus Eichenholz und die in feinster Schmiedearbeit gefertigten Türbeschläge gehören, sicher als eines der reichsten Ensembles spätgotischer Wohnkultur in Zürich zu werten. Die Sinnsprüche sowie die gelehrte Bildprogrammatik der Schnitzbordüren legen beredtes Zeugnis ab vom geistigen Milieu der Fraumünsterabtei in der Amtszeit der letzten Äbtissin. Dass Katharina selbst eine aktive Rolle bei der Auswahl der Sprüche, der ikonographischen Disposition der Bildprogramme und der Bestellung der Künstler zukam, ist aufgrund ihrer Bildung und ihres theologischen wie humanistischen Interesses naheliegend.

Tür zum Wohnzimmer der Äbtissin, 1507.

Weitere Auftragswerke der Äbtissin

Unter Katharina von Zimmern wird 1518 eine 1467 erwähnte Messglocke vom Glockengiesser Füssli umgegossen.[39] Möglicherweise handelt es sich dabei um die später als «neue Betglokke» bezeichnete Glocke. Nebst der Inschrift «Verberor in festis sacris sacreque diei / Semper ero fidei testis nunciaque fidelis» soll sie die Stifterinneninschrift «Restituit fractam de Zimmern me Katharina / Digna Dei gratia clarissima anachoreta / Laus Deo 1519» getragen haben und mit den Reliefs der Heiligen Felix und Regula geschmückt gewesen sein.[40] Die Glocke wurde 1874, zusammen mit den übrigen Glocken, in das heute noch bestehende Geläut umgegossen.[41]

Das Schweizerische Landesmuseum bewahrt einen spitzovalen silbernen Siegelstempel aus dem ausgehenden 15. Jahrhundert.[42] Er trägt das Bild der Heiligen Felix und Regula als Kephalophoren, über ihnen der Hirsch aus der Gründungslegende der Abtei und zu ihren Füssen das Wappen der Äbtissin Katharina.

Lux Zeiner, der, wie erwähnt, für die Abtei mehrfach Glasscheiben lieferte und ausbesserte, machte sich vor allem einen Namen als Meister der Kabinettscheibenkunst, die durch die Sitte der Fensterschenkungen im 16. Jahrhundert zu grosser Blüte gelangte.[43] Auch die Fraumünsterabtei und die Äbtissin treten als Stifterinnen solcher Scheiben auf. 1502 verzeichnen die Rechnungen den beachtlichen Betrag von 20 Pfund an Lux Zeiner «um ein vænster min herren von Cappel».[44] Es war vermutlich für den beim Klosterbrand 1493 zerstörten Kreuzgang des Zisterzienserklosters Kappel bestimmt, den Abt Ulrich IV. Trinkler aus Zürich damals wieder aufbauen und mit Glasgemälden ausstatten liess.[45] Sicher eine persönliche Schenkung der Äbtissin ist die vermutlich ebenfalls von Zeiner ausgeführte und bis heute erhaltene Wappenscheibe für die Pfarrkirche von Rümlang.[46] Die Rundscheibe im Chor der Rümlanger Kirche zeigt in der Mitte den grossen Wappenschild der Zimmern, flankiert von zwei Engeln, welche die abgeschlagenen Häupter der Heiligen Felix und Regula präsentieren.

Amtshaus.
Tür gegen Norden, am Westende des südlichen Ganges.
Fenster mit Blick zur Limmat und zum Zunfthaus zum Rüden.
Aufgenommen kurz vor dem Abbruch im Jahr 1898.

Die Übergabe des Stifts an die Stadt – rechtlich gesehen

EDUARD RÜBEL

Die Rechtmässigkeit der Übergabe

Die Übergabe des Fraumünsterstifts mit allen seinen Hoheitsrechten und Gütern an die Stadt Zürich ist ein einzigartiger Vorgang, der hauptsächlich von theologischen, politischen und finanziellen Motiven geprägt ist. Es handelt sich zudem einerseits um die Aufhebung eines benediktinischen Klosters und anderseits um die Abtretung der Hoheitsrechte und Güter, beides in einem Akt. Es ist bei dieser Sachlage nicht einfach, den Vorgang in rechtlichen Begriffen und Kategorien zu fassen und ihn auf die Rechtmässigkeit nach damaligem Recht zu prüfen. Grundlage dafür ist die doppelt gesiegelte Urkunde der Äbtissin vom 8. Dezember 1524 und alsdann die Urkunde des Bürgermeisters und der Räte der Stadt Zürich[1] vom Abend desselben Tages.

Nach kanonischem Recht ist davon auszugehen, dass Klöster und Stifte das Recht zur Selbstaufgabe nicht besassen. Katharina von Zimmern hat jedoch in der Übergabeurkunde ihren Schritt eingehend begründet, und es ist deshalb in erster Linie zu prüfen, ob ihre Gründe an dieser Vorschrift etwas ändern konnten. Zuerst gedachte Katharina pietätvoll ihres Vaters, der sie 31 Jahre zuvor ins Stift gebracht hatte. Wenn sie dabei dieses hochgebildeten, längst verstorbenen Mannes «Gemüt» anführte, hat sie offensichtlich angenommen, in seinem Sinn zu handeln. Hatte nicht ihr Vater sie und ihre Schwester Anna damals dem besonderen Schutz des zürcherischen Rates – nicht des Bischofs von Konstanz und ausdrücklich auch nicht dem Schutz der Kapitelsherren des Stifts – empfohlen!²

Als zweites führte sie an, dass «wir Katharina von Gottes gnaden Äptissin des Gotzhuses Frowenmünster» ... ihren lieben Herren und Freunden «als vögten und schirmherren ergeben» seien. – Das Vogteiamt war in der Familie der Herzöge von Zähringen erblich gewesen. Als diese mit Berthold V., dem Gründer von Bern, 1218 ausstarben, wurden die Vögte aus den Bürgern der Stadt Zürich gewählt, und im Jahr 1400 ist diese Vogteigewalt endgültig auf die Stadt übergegangen. Die Stadt hatte dadurch an Einfluss auf das Stift stark gewonnen, und da die Stadt auf Betreiben Zwinglis den Bettel abschaffen und das Armenwesen organisieren, die Schulen verbessern und Pfarrer ausbilden wollte, hatte sie grosses Interesse daran, das grosse Vermögen der Abtei an sich zu bringen. Katharina verstand sich aber offensichtlich mit der Stadt sehr gut; denn es geht über die förmliche Anrede an den «strengen, vesten, fürsichtigen, ersamen und wisen burgermaister und räte der statt Zürich» weit hinaus, wenn sie beteuert, dass «wir, Katharina ... unsern lieben herren und fründen mit getrüwer bevelh als vögten und schirmherren ergeben sind». Während früher die Vögte in Zeiten schlechter Verwaltung der Abtei eingriffen oder einzugreifen versucht hatten, war dies während des Regiments der letzten Äbtissin des Stifts nie der Fall.

Alsdann wies Katharina darauf hin, dass sie noch die «ainige (einzige) frow und äptissin dises gotzhus» sei. Im Anfang ihrer Herrschaft hatte die Zahl der Frauen bis 1503 von drei auf sieben zugenommen; 1514 waren es noch sechs, 1517 noch fünf und 1522 noch vier Konventfrauen gewesen. Das kommunitäre Leben konnte sie aber nicht durchsetzen, ja von vornherein nicht verlangen. Offenbar wurden sodann verschiedene der adligen Damen aus katholischen Orten angesichts der fortschreitenden Reformation nach Hause geholt; bei Katharina blieb nur ihre treue Gehilfin Barbara Lehmann. Ohne eine klösterliche Gemeinschaft und inmitten einer reformierten Stadt war es aber unmöglich, ein den benediktinischen Vorschriften entsprechendes Leben zu führen. Eine allgemeine Regel sagt: Ist der Zweck einer Stiftung unerreichbar geworden, so ist sie aufzuheben.[3] Allerdings wäre die Aufhebung des Stifts nach kanonischem Recht «uni Sede Apostolicae reservatur», dem Apostolischen Stuhl vorbehalten gewesen.

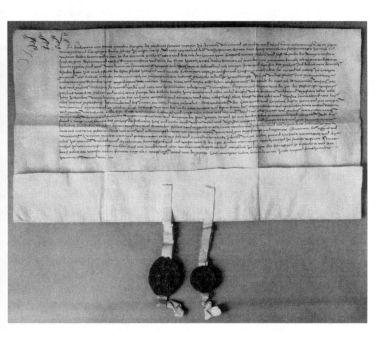

Die Übergabeurkunde mit dem Siegel Katharinas.

Katharina berief sich alsdann auf die Zeitläufe: «deshalb wir dismals besonder dirre zitt nach gstallt der löffen sölichs zuo tuond wol macht haben». Betrachten wir deshalb die «Zeitläufe», die auf das Stift Einfluss hatten:

Fast gleichzeitig mit Katharinas Wahl als Äbtissin war Hugo von Hohenlandenberg Bischof von Konstanz geworden. In seinem riesigen Bistum mit 1835 Pfarreien, 350 Männer- und Frauenklöstern, liess er die Zügel schleifen. Wie fast überall hatte sich sittliche Verwahrlosung ausgebreitet, und viele Geistliche lebten im Konkubinat. Der Bischof duldete es, auferlegte aber den Fehlbaren Bussen, die seinen Säckel füllten. Gegenüber Versuchen des Rates, die sittlichen Zustände zu bessern, beriefen sich die Fehlbaren auf ihre Zugehörigkeit zum Bistum Konstanz. Zürich hatte deshalb ein grosses Interesse daran, die Kompetenzen des Bischofs selbst in die Hand zu bekommen. – Mit der ersten vom Rat angeordneten Disputation vom 29. Januar 1523 über Zwinglis Verkündigung wurde die Situation reif. Zwingli verteidigte vor dem Kleinen und Grossen Rat (212 Männer), der Pfarrerschaft des Zürcher Gebietes (über 200) und eingeladenen Vertretern anderer eidgenössischer Orte (insgesamt etwa 600 Männer) seine 67 Thesen so überzeugend und fast ohne Widerspruch, dass der Rat beschloss, dass «Meister Ulrich fortfahren solle wie bisher das heilige Evangelium und die rechte göttliche Schrift zu verkünden.» Zwar wurde kein Beschluss gefasst, aus dem Bistum Konstanz oder gar aus der römischen Kirche auszutreten. Doch bedeutete das ganze Geschehen die Übernahme der Kirchengewalt durch den Rat. (Wenig später, 1525, wurde denn auch offiziell die bischöfliche Ehe- und Sittengerichtsbarkeit vom Rat durch das Ehegericht ersetzt, das aus zwei Pfarrern und zwei Ratsherren bestand). Damit hatte der Rat aufgrund seiner Territorialgewalt für Zürich das kanonische Recht ausser Kraft gesetzt.

Und der Kaiser? Der oberste Schirm- und Lehensherr des Stifts, der dem Stift zahlreiche Privilegien, Regalien und Hoheitsrechte wie die niedere Gerichtsbarkeit verliehen hatte? Gerade drei Jahre zuvor hatte er der Stadt Zürich zum Dank dafür, dass sie sich als einziger Ort nicht dem Soldbündnis der Eidgenossen mit Frankreich angeschlossen hatte, drei wichtige Privilegien bestätigt und ihr drei kleinere neue verliehen; bestätigt das Recht zur Wahl des Reichsvogtes, das Gesetzgebungsrecht und die völlige gerichtliche Immunität, und neu verliehen in erster Linie die Bestätigung und Garantie der Exemtion von allen Edikten, die den Privilegien widersprachen oder noch widersprechen könnten; dabei wurde das Recht auf Widerstand ausdrücklich anerkannt.[4] Es wäre widersinnig gewesen, der Stadt bei der Übernahme des Stifts in diesem Moment in den Arm zu fallen, wo sich doch die beiden Seiten der Übergabe einig waren. Übrigens war die Reichsgewalt schon seit dem 14. Jahrhundert am Verfallen. Es war auch zu berücksichtigen, dass schon viele dem Stift verliehene Rechte im Laufe der Zeit ohnehin auf die Stadt übergegangen waren. So z.B. das wichtige Münzrecht, das Katharina vergeblich zurückzuerhalten versucht hatte; sie durfte zur Zeit der Reformation nur noch Pfennige prägen[5]. Das Stift hatte auch an politischem Gewicht verloren, während die erstarkte, viel umworbene Stadt für den Kaiser erhebliche Bedeutung hatte.

Es ist sympathisch, dass Katharina ihren Entschluss nicht nur auf die günstigen Umstände und das Fehlen politischer Hindernisse stützte, sondern einen Gewissensentscheid fällte. Sie wollte «unßer gwüssne und conscientz entladen», sie habe die Ehre und das Lob Gottes zu Herzen genomen, wie denn jeder Christenmensch in nicht zweifelnder Hoffnung versuchen solle, die göttliche Ordnung zu vollbringen. Und als die richtige Ordnung hatte sie die Lehre Zwinglis erkannt.

Wahrscheinlich war Katharina schon sehr bald nach der Berufung Zwinglis für die Reformation gewonnen worden. Sie muss von ihm stark beeindruckt worden sein. Sonst hätte Zwingli nicht von ihr sagen können: «Sie gehört zur Partei Christi und brächte es nicht fertig, mir etwas abzuschlagen».[6] Schon kurz nach ihrer Wahl zur Äbtissin hatte sie sodann Dr. Heinrich Engelhard als Leutpriester ans Fraumünster geholt, der von Anfang an Zwingli bei seinen kirchlichen Reformen unterstützte. Zwingli predigte bald regelmässig auch im Fraumünster, er soll namentlich die Psalmen ausgelegt haben. Mit Zwingli und Engelhard und den weltlichen Freunden sind denn auch wohl die «erlichen fromen lüt» gemeint, mit denen sie den «vorgehapten rat» gepflogen, den sie in der Übergabeurkunde anführt.

Wenn sich auch Katharina nicht ausdrücklich darauf berief, dass die Gültigkeit des kanonischen Rechts durch den Rat der Stadt faktisch aufgehoben worden und damit auch die Zuständigkeit des Papstes für die Aufhebung des Stifts dahingefallen sei, so hat sie doch mit Recht festgestellt, dass sie nach «gstallt der löffen sölichs zuo tuond wol macht» habe. Das Interesse des Lehensherrn, des Kaisers Karl V., war ohnehin von der Abtei auf die Stadt übergegangen. Gleichwohl hat sie aufgrund ihres Glaubens und Gewissens einen mutigen Schritt getan, denn das Wort «wol» weist darauf hin, dass sie ihrer «Macht», d.h. ihrer Kompetenz, ihres Rechts nicht ganz sicher war.

Es bleibt die Frage, ob sie innerhalb des Stifts allein habe handeln können. Im Ingress figuriert sie allein: «Wir Katharina von Gottes gnaden Äptissin des Gotzhus Frowenmünster bekennend ...». Sie hat auch allein gesiegelt: « ... unßer äptlich insigel zuosampt unßerm secrettinsegel [haben wir] ... an disen brieff tuon hencken ...», wobei das Secret-Siegel wohl ihr persönliches Siegel war.

Prinzipiell hatte die Äbtissin von jeher das Recht, allein für das Stift zu handeln, Güter zu kaufen und zu verkaufen, das Begnadigungsrecht auszuüben usw. Verschiedentlich versuchte jedoch nicht nur die Stadt, sondern auch der Konvent, auf die Rechtsgeschäfte der Äbtissin Einfluss zu gewinnen, besonders um die Verschleuderung von Grundbesitz zu verhindern. Die Äbtissinnen pflegten sich aber dagegen zu wehren. 1316 gestattete der Bischof von Konstanz dem Konvent auf dessen Verlangen, neben dem Siegel der Äbtissin ein eigenes Siegel zu führen. Die Äbtissin Elisabeth von Matzingen siegelte gleichwohl allein, wogegen der Konvent protestierte. Fides von Klingen gelobte der Stadt, keine Güter der Abtei ohne Zustimmung des Rates zu verkaufen, erklärte aber 1342 das vom Kapitel für die Abtei gemachte Siegel für ungültig. 1470 führte der Bischof von Konstanz eine Reform durch und erklärte das Vermögen als gemeinsames Gut des gesamten Kapitels. Die Reform drang aber nicht durch. Im Jahre 1485 wurden der Äbtissin Sibylla von Helfenstein durch Bürgermeister Hans Waldmann Siegel und Schlüssel entzogen; sie siegelte aber bald wieder weiter, zum Teil neben dem Siegel des Kapitels. Es herrschte während des 15. Jahrhunderts parallel zu den aussichtslosen Versuchen, den benediktinischen Regeln wieder zur Geltung zu verhelfen, grosse Unsicherheit über die Kompetenzen zur Verfügung über die Güter des Stiftsvermögens. Erst Katharina konnte wieder unangefochten allein, ohne Mitwirkung, sei es der Stadt, sei es des Konvents, über das Stiftsvermögen verfügen. Ihre Autorität, ihre straffe Führung des Stifts, die energische Vermögensverwaltung wurden allseits anerkannt und respektiert. Die Stadt als Inhaberin der Vogteirechte konnte als «Gegenpartei» ohnehin nicht gleichzeitig die Abtei vertreten; und das Kapitel, dem ja keine Nonnen mehr angehörten, machte mit Recht keinen Anspruch auf Mitwirkung geltend. Katharina hatte die Stellung als Fürstäbtissin – sie wurde wieder oft so genannt –, wie sie von Alters her gemeint war, wieder weitgehend herstellen und bewahren können und hat Mitwirkungsrechte des Kapitels in der Übergabeurkunde ausdrücklich bestritten.

Damit ist aber eigentlich erst gesagt, dass sie die «Macht» hatte, das Stift der Stadt zu übergeben. Der Jurist wird einwenden: «Nemo plus juris transferre potest quam ipse habet» (Niemand kann mehr Rechte übertragen als er selbst hat.) Hatte die Äbtissin «Eigentum» am Stift und an seinen Gütern und konnte sie der Stadt mit der Übergabe das Eigentum daran verschaffen? – Bei der Gründung blieb das Stift Eigengut (Hausgut) des Königs resp. der Herrscherfamilie. Seit Otto I. (936) wurde aus dem Hausgut Reichsgut[7] und im Lauf der Jahrhunderte bildete sich zwischen Reich und Stift ein Lehensverhältnis heraus. Das Eigentum blieb beim Reich. Sehr oft wurde aber der Vogt anstelle des Königs «Muntherr». So hat z. B. der Zähringer Bertold V. im Jahre 1210 dem Fraumünsterstift selbst die Stiftsprivilegien bestätigt.[8] In ähnlicher, aber umgekehrter Weise hat die Stadt Zürich, die ja seit 1400 die Vogteigewalt innehatte, dem Stift Rechte entzogen. Die Stadt hat deshalb, indem sie die Schenkung akzeptierte, auch als advocatus regis gehandelt, d.h. als Vertreter des Kaisers und damit verbindlich für ihn. Der Kaiser hat denn auch nachher nie etwas dagegen eingewendet.

Selbstverständlich hat Katharina von Zimmern nicht an eine solche juristische Konstruktion gedacht; sie ging aber gefühlsmässig richtig von der juristischen Zulässigkeit und Wirksamkeit ihres Tuns aus. Es ist in diesem Zusammenhang daran zu erinnern, dass auch der letzte Abt des Klosters Allerheiligen in Schaffhausen in ähnlicher Weise und ohne Skrupel «sein» Kloster der Stadt Schaffhausen übergeben hat.[9]

Zusammenfassend kann somit gesagt werden, dass Katharina angesichts des Vorgangs der Ausschaltung des kanonischen Rechts durch die Reformation in Zürich eine rechtliche Grundlage für ihr Handeln erhielt, dass sie angesichts der Unerfüllbarkeit des bisherigen Zwecks des Stifts einen materiellen Grund zur Übergabe hatte, und dass sie kraft ihrer Stellung allein die Übergabe vornehmen konnte.

Die Rechtsnatur der Übergabe

Schon vor der Reformation hatten die Städte versucht, auf soziale Aufgaben, welche die Klöster übernommen hatten (Schulwesen, Bildung, Krankenpflege, Armenfürsorge), Einfluss zu nehmen. Die Obrigkeit gründete Schulen, bestellte den Stadtarzt und begann, die Armenfürsorge zu institutionalisieren.[10] Im März/April 1524 hatten die Zürcher auf der Tagsatzung in Luzern das Verlangen nach einer gründlichen Reform der Klöster gestellt, welche die Spitäler der Armen seien. Die Einkünfte der Klöster seien deshalb dem Missbrauch der Prälaten zu entziehen und als Armengut zu verwenden. Am 3. Mai 1524 beauftragten Burgermeister und Rat von Zürich eine sechsgliederige Kommission, «Ratschläge und Ordnungen betreffend die Klöster und die Armen zu Handen meiner Herren zu stellen». Die im

Volk herrschende klosterfeindliche Stimmung zeigte sich auch in einem Mitte November 1524 den Gemeinden und Zünften zur Verlesung zugestellten «Vortrag» des Rates, in dem u.a. erwähnt wird, Riesbach und Hirslanden hätten den Wunsch ausgesprochen, «dass ir darzuo wöllint tuon fürderlich, dass die Suppenesser (Schmarotzer) in den Klöstern wider und für (ein- für allemal) abgestellt werdent ...».[11] Die Bauern, die den Klöstern Abgaben zu entrichten hatten, waren ihnen ohnehin nicht wohlgesinnt. Die Aufhebung der Klöster war fällig.

An zwei Beispielen soll gezeigt werden, wie der Rat von Zürich dabei vorging:

Schon am 3. Mai 1524 und wieder am 1. Dezember 1524 wurden Ratsmitglieder beauftragt, Ratschläge und Ordnungen aufzustellen, was mit den drei Klöstern der Bettelorden, dem Predigerkloster (Dominikaner), dem Barfüsserkloster (Franziskaner) und dem Augustinerkloster geschehen solle. Auf Grund eines Gutachtens Zwinglis beschloss der Rat am 3. Dezember 1524, die jüngeren Mönche der drei Klöster studieren oder ein Handwerk lernen zu lassen und die älteren im Barfüsserkloster zu konzentrieren, den Mönchen das Eingebrachte herauszugeben und über die Klostergüter Pfleger zu setzen, die dem Rat Rechnung abzulegen hätten. Am gleichen Tage wurde den Mönchen der Ratsbeschluss verlesen und wurden sie ohne Voranmeldung aus dem Prediger- und aus dem Augustinerkloster unter Bewachung ins Barfüsserkloster übergeführt! Am 6. Dezember 1524 wurden die drei Klosterpfleger ernannt, welche die Inventare aufnehmen mussten. Später wurden die drei Güter im sogenannten Augustiner- oder Hinteramt unter dessen Amtmann vereinigt.

Schon etwas galanter ging man mit dem Dominikanerinnenkloster am Oetenbach um; es war ein vornehmes und wohlhabendes Kloster. Schon im Herbst 1522 erteilte der Rat Zwingli den Auftrag, den Frauen am Oetenbach das biblische Wort zu verkünden. Am 17. Juni 1523 gestattete der Rat den Konventsfrauen den Austritt aus dem Kloster gegen eine Abfindung. Im Jahre 1523 traten denn auch bereits zwölf Nonnen aus. Jede erhielt als Entschädigung für ihre Pfrund 150 Pfund sowie Ersatz ihrer Aufwendungen für das Kloster. Am 1. Februar 1525 schliesslich erliess der Rat eine Verordnung, die der Aufhebung des Klosters gleichkam. Sie regelte zunächst die Übergabe des Klostergutes und die Einsetzung eines städtischen Verwalters und verfügte dann die Auflösung des Konvents und die Abschaffung von Ordensgottesdienst und Chorgebet. Auch darnach konnten die Frauen im Oetenbach bleiben, doch war das «Kloster» jetzt ein Amt, und ein Pfleger überwachte es genau.[12]

Die beiden Beispiele zeigen, dass der Rat flexibel war. Doch in beiden Fällen beruhte die Aufhebung auf einseitigem Ratsbeschluss. Auf ganz andere Weise kam es zur Übergabe des Fraumünsterstifts. Eine einseitige Aufhebung desselben hätte für die Stadt mindestens sehr unangenehm werden können, hätte sich doch die Äbtissin, wäre sie mit dem Übergang nicht einverstanden gewesen, sowohl an den Kaiser als ihren Lehensherrn als auch an den Papst als ihren Ordensherrn und -beschützer mit einer Beschwerde gegen die Stadt wenden können. Es wäre fraglich gewesen, ob die Stadt kraft ihrer Territorialherrschaft gegen König und Papst durchgedrungen wäre. Sie war immerhin noch Bestandteil des Reichs. So war 1241 die damalige Äbtissin vom König geschützt worden, als die Stadt sie am Münzrecht und an andern Rechten schmälerte.[13] Der Rat musste deshalb das Vertrauen der Äbtissin gewinnen und sie überzeugen, dass das Klosterleben nicht (mehr) der richtige Weg sei, Gott zu dienen. Ihr eigenes Verständnis kam den Ansichten Zwinglis und Engelhards wohl entgegen. Katharina schrieb denn auch in der Übergabeurkunde, sie tue dies «frys guotz willens onbetzwungen» und nach «unßer selbs besten verstentnuss». Sie wollte dabei auch durchaus ihre eigenen Rechte und die des Konvents gewahrt wissen, weshalb auch der Rat Verpflichtungen eingehen musste.

Die Verhandlungen müssen schon einige Zeit vor «unser lieben frowen tag», dem 8. Dezember 1524, von welchem Tag die Übergabe datiert ist, geführt worden sein. Dabei hat Katharina sehr wahrscheinlich dem Rat bereits mündlich ihren Willen kundgetan. Denn eine Ratsurkunde vom 30. November 1524 hält bereits fest, die Äbtissin habe auf diesen Tag «minen Herren übergeben All ihr fryheit und gerechtikeitt so sy und ir vordern bisshar an dem Gotzhuss dess lüt und güttern gehept hatt.» Doch mit Vorbehaltung, «dass man sy ir leben lang mit einer Erlichen provision nach irss standss Harkomen und der Stat Eere versehen sölle.» Darauf wurde sofort eine Abordnung von vier Mann unter dem Ratsherrn Cuonrat Escher «verordnet, der Abbtissin zu dancken und söllichs von ir uff ze nemen und zuo besichtigen wass ir fryheit sient Und wass gült sy sampt den Convent frowen bishar Ingnomen und gehept habent.»[14] In einer Ergänzung vom 5. Dezember 1524 wird gesagt, dass die Äbtissin willens sei, «söllichss mit brieff und sigell uffzerichten», dass «unser Herren» dies mit Dank angenommen und angeordnet hätten («und lassent beschehen»), «dass die brieff unverzogenlich gemacht werdent.» Auch die Bereitschaft der Stadt, Katharina in ihrem Hause zu belassen und ihr lebenslänglich einen standesgemässen Unterhalt zu gewähren, wird wieder erwähnt. Es schien dem Rate plötzlich zu eilen; man wartete offenbar nicht mehr, bis das Inventar aufgenommen worden war, damit man die definitiven Urkunden vom symbolischen «unser lieben frowen tag» datieren konnte. Die Hoheitsrechte und Güter wurden denn auch nur generell angeführt (das Gotteshaus und dessen Freiheiten samt Freiheitsbriefen, Zinsbriefen und allen anderen Briefen, Urbarbüchern, Rödeln und Registern über alle Zinsen, Zehnten, Nutzen, Gülten, Leuten und Gütern, Amtleuten und Ämtern, und wie das alles genannt und beschaffen sei, doch vorbehältlich das den Chorherren und dem Kapitel Gehörende).

Vom Abend des gleichen Tages datiert sodann die Urkunde von «burgermeister, Ratt und der gross Ratt so man nempt die tzweyhundert der Stat Zürich».[15] Sie bezieht sich zuerst auf den Inhalt des Aufgabe- und Verzichtbriefs der Äbtissin («einss uffgab und verzyhungbrieffs» ... «den wir darüber von iro besigelt inhabent», wobei das Übergebene nochmals aufgezählt wird. Es folgt die Zusage, dass die Stadt Katharina um ihrer «gab und guottat willen alss unser wolgeliepte burgerin in unsern schutz und schirm genomen, sy mit allen eeren halten und getrüwlich versehen söllent und wöllent». Aufgezählt werden dann alle Leistungen, zu denen sich die Stadt zugunsten der Bürgerin Katharina von Zimmern verpflichtete: Hundert Mütt Kernen, 23 Malter Haber, 65 Eimer Wein, 353 Pfund Zürcher Währung, Tannis und Buechis usw. Auf den weiteren Inhalt wird noch einzugehen sein.

Bei der rechtlichen Beurteilung dieser Übergabe ist davon auszugehen, dass beide Urkunden zusammen als ein Geschäft zu betrachten sind. Im ersten Teil sind die Verpflichtungen der Äbtissin enthalten mit dem Vorbehalt der Leistungen der Stadt; im zweiten Teil werden unter Bezugnahme auf die Verpflichtungen der Äbtissin die Verpflichtungen der Stadt aufgezählt. Heute kleidete man die beiden Teile in einen einzigen Vertrag. Meines Erachtens ist darin einerseits eine Schenkung seitens der Äbtissin, anderseits deren Verpfründung enthalten. Der Verpfründungsvertrag wird als zweiseitiges Rechtsgeschäft definiert, durch das sich der eine Teil (Pfründer) zur Übertragung von Vermögenswerten an den andern (Pfrundgeber) verpflichtet, wogegen der Pfrundgeber verspricht, dem Pfründer auf Lebenszeit Wohnung (meist in Hausgemeinschaft mit dem Pfrundgeber), Unterhalt und Pflege zu gewähren. All dies hat die Stadt der Äbtissin versprochen, wobei die Wohngemeinschaft mit der Stadt darin zum Ausdruck kam, dass Katharina in ihrem schönen Äbtissinnenhaus wohnen bleiben konnte. Worauf sie Anspruch habe, war genau ausgehandelt worden. Da der Wert der Pfrund von der Schenkung abging, muss von einer gemischten Schenkung gesprochen werden.

Es wird gelegentlich die Auffassung vertreten, die Übergabe der Abtei und ihrer Güter an die Stadt sei faktisch eine Kloster-Säkularisierung und -Sequestrierung gewesen wie jede andere.[16] Die Schenkung mit Pfrundvertrag wäre dann simuliert gewesen, dissimuliert die einseitige obrigkeitliche Aufhebung und Übernahme des Stifts mit Verpfründung der Äbtissin. Ich halte diese Ansicht nicht für richtig. Wäre sie richtig, so wären all die schönen

Worte beider Seiten eine einzige Heuchelei gewesen. Es ist nicht denkbar, dass die Versicherung der Äbtissin, sie handle aus freiem Willen, ohne Zwang, um die göttliche Ordnung zu erfüllen, nach ihrem eigenen besten Verständnis, den lieben Herren und Freunden ergeben, um ihr Gewissen zu entlasten usw. – dass alle diese tief ethischen und religiösen Begründungen geheuchelt waren. Und hätten ihr Bürgermeister und Räte mehrmals Dank gesagt für ihre Gab und Guttat, sie als wohlgeliebte Bürgerin in ihren Schutz genommen, wenn sie gar nichts freiwillig von ihr erhalten hätten? Selbstverständlich hatte die Stadt ein grosses Interesse an der Übergabe und haben der Äbtissin gute Freunde dazu geraten. Aber auch sie hatte Gründe, als noch einzige Frau des Stifts, nachdem sie während 28 Jahren ihre Aufgabe als Äbtissin mit grosser Energie zu erfüllen versucht hatte, aber von der Richtigkeit der reformierten Lehre überzeugt worden war, sich von ihrer Last zu befreien. Sie hat auch ausdrücklich freiwillig auf ihre Äbtissinnenwürde verzichtet («unser fryen uffgab und end unser wirdi der apty»). Vielleicht hatte sie auch damals schon die Absicht, trotz ihrer 46 Jahre noch zu heiraten, was denn auch sehr bald nach der Übergabe des Stifts geschah.

Das Fraumünsterstift ist übrigens keineswegs das einzige Kloster, dessen Güter von der Stadt nicht einfach durch einseitige Verfügung kraft obrigkeitlicher Gewalt zu Handen genommen worden sind. Die Güter der Ritterhäuser Bubikon und Wädenswil z.B. gingen erst viel später durch Kauf an die Stadt (1618 resp. 1550), und das Johanniterhaus Küsnacht wurde von Komtur Schmid selbst reformiert, ebenso wie das Kloster Kappel durch seinen Abt Wolfgang Joner. Die Übergabe des Klosters Stein am Rhein scheiterte sogar an übersetzten Ansprüchen des Abtes David von Winckelsheim, der ausser einer Leibrente das Schloss Girsberg für seinen Ruhestand beanspruchte.

Es besteht deshalb keinerlei Anlass, daran zu zweifeln, dass das Fraumünsterstift durch eine gemischte Schenkung – gemischt mit der Verpfründung der Fürst-Äbtissin – auf die Stadt Zürich übergegangen ist.

*War die Übergabe mit einer verbindlichen
Zweckbestimmung verbunden?*

Wir haben gesehen, dass Katharina von Zimmern stark unter dem Einfluss Zwinglis stand. Und Zwingli war der Überzeugung, dass Klostergut nach dessen ursprünglichem Sinn den Armen, Kranken, den Schulen und kirchlichen Zwecken dienen solle. Wenn die Äbtissin in ihrer Übergabe erklärte, Räte und Bürger sollten das Stift und seine Güter «innhaben, versehen, besetzen, entsetzen und bewerben nach irem willen und gefallen und als si gott dem allmechtigen darumb antwurt geben wellent», so ist es naheliegend, dass sie, wie Zwingli, das geschenkte Gut diesen gemeinnützigen Zwecken gewidmet wissen wollte. Darin wird man bestärkt durch die Formulierung in der Ratsurkunde, sie habe «frylich, willenclich und wolbedachtlich, ir Conscientz hiemit zuo entladen und söllichs alles in ander Gott gefelliger dienst zuo bewenden, zuo unser Stat handen alss für unser eigen übergeben und zuogefügt.» Unter dem gottgefälligen Dienst können auf Grund der ganzen Situation wohl nur die obgenannten gemeinnützigen, kirchlichen und schulischen Zwecke gemeint sein.

Dass das Fraumünstergut nach der Vertragsmeinung solchen Zwecken dienen sollte, geht auch deutlich aus der Art und Weise hervor, wie das Gut tatsächlich verwendet worden ist. Die Stadt fasste das Fraumünstergut unter einem Amtmann im Fraumünsteramt zusammen. Der Vermögenskomplex blieb beisammen und wurde separat von den Vermögen der andern aufgehobenen Klöster verwaltet. Schon spätestens seit dem 13. Jahrhundert ist im Fraumünsterstift eine Schule nachgewiesen. Kurz vor der Reformation hatte die Äbtissin das Schulhaus neu bauen lassen. Diese Schule wurde auch nach der Reformation in erster Linie vom Fraumünsteramt unterhalten. 1538 wurde sie zu einem philologisch-theologischen Seminar für angehende Theologen umgestaltet mit Vorlesungen aus der Bibel nach dem Urtext; doch wurden auch Klassiker gelesen und es wurde Naturlehre, Ethik, Rhetorik und Mathematik gelehrt. 1598 wurde

Hof des Fraumünsteramtes, Mitte des 19. Jahrhunderts nach einem Aquarell von Heinrich Reutlinger.

schliesslich im westlichen Teil der Klostergebäude eine Lateinschule mit fünf Klassen errichtet und bald darauf das eigentliche Collegium Humanitatis, das eine noch allgemeinere Bildung vermittelte. Neben der Erhaltung der Schule musste das Fraumünsteramt auch an alle jene Pfarreien Besoldungen ausrichten, die schon früher unter dem Patronat der Abtei gestanden hatten, nämlich ausser an den Pfarrer und den Dekan am Fraumünster auch an die Pfarrer von St. Jacob, Rümlang, Maur, Horgen und – nach ihrer Verselbständigung – Oberrieden und Hirzel. Diese kirchlichen und schulischen Aufgaben hatte das Fraumünsteramt bis 1798 zu bewältigen!

Auch die Güter der zahlreichen andern Klöster wurden dem Grundsatze nach für gemeinnützige Zwecke verwendet. Auf Grund der Almosenordnung vom 15. Januar 1525 wurde das Almosenamt eingerichtet, dem fortan zahlreiche Werte der aufgehobenen Klöster zugewiesen wurden, «was jetz von Klöstern und pfruonden fürschiessen mag», also die Überschüsse. Der städtische Rat machte allerdings 1528 den Versuch, die Überschüsse der Klosterverwaltungen dem «Sekelamt», d.h. der Stadtkasse zuzuhalten. Heinrich Brennwald und die andern Almosenverordneten protestierten aber gegen diesen Beschluss des Rates und baten um Entlassung. Darauf gab der Rat nach. Auch 1532, nach dem verlorenen Kappelerkrieg verlangte das Sekelamt wieder die Überschüsse, wodurch die Erfüllung der Aufgabe des Almosenamtes in Frage gestellt worden wäre. Der Entscheid wurde aufgeschoben, und schliesslich kam es mit der Gründung des Obmannamtes zu einem Kompromiss. Am 30. Juli 1533 wurde das «Obmannamt gemeiner Klöster» geschaffen, dem alle Überschüsse der Klosterämter abzuliefern waren, das aber auch die Defizite der Klosterämter deckte.

Allerdings wurden nach dem verlorenen Kappelerkrieg Überschüsse auch für staatliche Zwecke verwendet, so zwischen 1532 und 1540 55 000.– Pfund für die Tilgung der Kriegsschulden, zwischen 1540 und 1550 100 000.– Pfund für Gebietserwerbungen. Daneben wurden aber die gemeinnützigen, schulischen und kirchlichen Aufgaben nicht vernachlässigt.

Da somit auch die andern Klostergüter, abgesehen von den Überschüssen, für diese Aufgaben verwendet wurden, darf daraus geschlossen werden, dass auch die Formeln in den Urkunden der Äbtissin und des Rates diese Bedeutung hatten. Dass die Zwecke hier nicht näher bezeichnet wurden, hat wohl seinen Grund darin, dass die Widmung der Klostergüter für diese Aufgaben selbstverständlich war. Innerhalb dieser Zweckbestimmung wurde den Behörden der Stadt freie Hand gelassen.

Nach heutiger Auffassung würde man wohl die Zweckbestimmung als Auflage bezeichnen. Unter Auflage versteht man eine Nebenbestimmung zu einer unentgeltlichen Zuwendung, durch die dem Empfänger eine Verpflichtung auferlegt wird. Ist sie, wie hier, vom Beschenkten angenommen worden, so ist ihre Erfüllung einklagbar.[17] Dass die Auflage für die Stadt verbindlich war, davon ging auch Bullinger aus, der sie direkt als Bedingung bezeichnete und den Rat auch mahnte, sie einzuhalten. Man kann deshalb die Übergabe des Stifts an die Stadt als gemischte Schenkung mit Auflage bezeichnen.

Trefflich schildert Bullinger die Übergabe und ihren Zweck: «Die letzte Äpptissin hiess frow Catharina, geboren von Zimberen. Dieselb übergab des 5. Decembris, anno 1524 dem Burgermeister und Radt der Statt Zürich, allen iren gewallt, sampt dem Gottshuss und desse gueter alle, all ire regalia, fryheiten, das Schultheyssen ampt, Stab und gericht, den pfennig Stempffel und alle gnad, so diser apty von königen und Keysseren vergabet was: mit dem geding, das ein ersammer radt, sömlichs alles verbessern und refomieren, zuo gottes eer, der Seelen heyl, und armen zuo trost und hilff verwenden sölle.»[18]

«Digna Dei gratia clarissima anachorita»
CHRISTINE CHRIST-V. WEDEL

In diesem Kapitel wollen wir Katharina als Frau kennenlernen und zu verstehen versuchen. Wir gehen aus von den Sprüchen, die sie auf eine Glocke giessen und von Szenen und Inschriften, die sie in ihre Empfangszimmer einschnitzen liess, arbeiten uns dann durch die verwirrende Diskussion um Wesen und Rolle der Frau in ihrer Zeit hindurch und werfen einen Blick auf die Frauenrealität in der Reformationszeit, um, so gerüstet, die Urkunden zur Übergabe des Fraumünsterstiftes zu beurteilen und endlich zu einem Bild von Katharina selber zu gelangen.[1]

Im Jahre 1519 wurde die Betglocke des Fraumünsters restauriert und zur Erinnerung daran diese Stifterinschrift eingemeisselt:
«Restituit fractam de Zimmern me Katharina
Digna dei gratia clarissima anachorita.»
(Mich, die Zerbrochene, stellte wieder her Katharina von Zimmern, eine der Gnade Gottes würdige und hochberühmte Einsiedlerin.)[2] Dieser der Äbtissin huldigende Hexameter zeigt, wie gut man sich am Fraumünster in humanistischer Manier auszudrücken verstand, und wie stolz man bereit war, eine Glockeninschrift zur Selbstdarstellung zu nutzen. Schon dass man überhaupt eine Stifterinschrift einmeisseln liess, ist erstaunlich; solche Inschriften setzen in unserer Gegend sonst erst in der zweiten Hälfte des 16. Jahrhunderts ein und blieben auch dann noch selten.[3] Ebenso ungewöhnlich ist übrigens auch der Glockenspruch selber, der gleichfalls auf die hohe humanistische Bildung am Fraumünster verweist:
«Verberor in festis sacris sacreque diei
Semper ero fidei testis nunciaque fidelis.»[4]
(Ich werde an heiligen Festen geläutet und werde für den heiligen Tag immer eine Glaubenszeugin und treue Botin sein.) Dazu trägt die Glocke ein knappes «Laus Deo».

Dass die Inschrift auf eine Gebetsanrufung Gottes, Christi, Mariens, der Evangelisten oder eines Patrons verzichtet, ist für diese Zeit zwar nicht einmalig,[5] wohl aber selten.[6] Einmalig indessen ist – soweit meine Kenntnisse reichen – die klassische Versform.

Vor allem aber erstaunen uns die hoheitlichen Eigenschaftswörter zusammen mit dem seltenen Ausdruck «anachorita» in der Stifterinschrift. Mögen sie auch durch das Versmass nahegelegt worden sein, so hat Katharina sie doch nicht zurückgewiesen, sie liess sich eine «der Gnade Gottes gewürdigte und hochberühmte Einsiedlerin» nennen. Die Adjektive weisen auf ihre ausserordentliche Stellung als Fürstäbtissin. Wie aber haben wir die Wahl des Begriffes «anachorita» zu verstehen? Sie ist umso erstaunlicher, als das Stift benediktinischer Tradition verpflichtet war. Für Benedikt aber war die Klostergemeinschaft die erstrebenswerteste Lebensform. Die Regel hält denn auch ausdrücklich fest, die «Coenobiten» seien «fortissimm genus», die «tüchtigste Art» von Mönchen. Immerhin heisst es wohlwollend von den Anachoreten, sie würden sich zuerst in einer Klostergemeinschaft schulen, um dann wohlgerüstet «den Einzelkampf in der Wüste» aufzunehmen.[7]

Die Regel kann uns auf das richtige Verständnis des Begriffes weisen. Katharina hatte sich im klösterlichen Zusammenleben geschult. Jetzt aber lebte sie vereinsamt in der Abtei.[8] Von einem Kampf in der Wüste konnte freilich keine Rede sein. Vielmehr verwaltete sie mitten im Getriebe der Stadt ausgedehnte fruchtbare Ländereien. Wir gehen kaum fehl, wenn wir hinter der Selbstbezeichnung «anachorita» Folgendes sehen: Hier wird darauf angespielt, dass die Abtei kaum noch Chorfrauen hatte und Katharina verstand sich als Einzelkämpferin und als ein Glied in der langen Tradition, in der ihr Kloster gegründet worden war, auch wenn sie selber als vereinsamte Äbtissin nicht mehr in einer lebendigen Klostergemeinschaft und auch nicht weltabgewandt lebte. Oder besser, sie wollte sich als Glied dieser Tradition verstehen und wusste doch zugleich, wie weit sie davon entfernt war, und war auch fähig, diesem Widerspruch selbstbewusst Ausdruck geben zu lassen.

Spruch über der Zimmertür der Äbtissin.

Ausssschnitt aus dem Wandfries.

Auf die Mischung selbstbewusst humanistischen und adelig höfischen Auftretens mit mönchischer Tradition weisen uns auch die Schnitzereien in ihren Renaissancezimmern, die elf Jahre zuvor entstanden. Regine Abbegg und Christine Barraud haben auf das theologisch durchdachte Bildprogramm im Empfangszimmer hingewiesen.[9] Die Geistesgeschichtlerin freilich fasziniert vor allem die bislang von kunsthistorischer Seite leider noch ungedeutete Szene um den Knaben im Blütenkelch des Frieses im Gastzimmer. Den Kenner antiker Ikonographie erinnert das Blütenkind an häufige blumige Götterdarstellungen, insbesondere an Amor im Akanthuskelch.[10] Und gerade die Figur Amors spielte in der gelehrten Diskussion im Spätmittelalter und im Humanismus eine grosse Rolle. Sie wurde im Rückgriff auf Platons Unterscheidung von ‹agape› und ‹eros› aufgespalten in einen ‹amor cupidus›, der für die verderbliche, menschliche Leidenschaft stand und in einen ‹amor spiritualis›, oder ‹amor dei›, der auf die vergeistigte, reine und treue – auf die göttliche Liebe wies. Schwirig war es, die göttliche Liebe darzustellen. Denn die klassischen Attribute Amors, seine Flügel, seine Pfeile, seine Nacktheit und die neu hinzugetretene Augenbinde wurden meist negativ gedeutet als flatterhaft, verwundend, offenbar verworfen und blind.[11] Wenn nun hier, wie wir meinen, auf den Amor im Blütenkelch zurückgegriffen wurde, so war das eine höchst elegante Lösung. Denn sie erlaubte dem Künstler, alle negativ belegten Attribute des göttlichen Kindes fortzulassen und es doch als solches kenntlich zu machen.

Die Lösung war elegant, hat sich aber dennoch nicht durchgesetzt. Es waren die geflügelten ganzfigurigen Amoretten, die die Kunst der Renaissance und des Barock bevölkern sollten. Uns aber weist das Blütenkind auf die hohe humanistische Bildung und den auserlesenen Geschmack von Künstler und Auftraggeberin, sowie auf deren Willen und Vermögen auch Originelles und Tiefgründiges bildnerisch wiederzugeben.

Dass der Künstler die göttliche Liebe als Knabe im Blütenkelch schilderte, erlaubte ihm, das Kind mit einer Segensgeste zu zeigen, die geradezu irritierend an die gleichzeitigen Darstellungen des segnenden Christuskindes mit der Weltkugel erinnert. Das Landesmuseum stellt drei solcher Salvatorbilder aus, zwei mit und eines auch ohne Weltkugel, die unserem Blütenkind zum Verwechseln ähneln.[12] Selbst wenn der Rückgriff auf die antike Ikonographie nicht bewusst gewesen sein sollte und der Blütenkelch eher ornamental gemeint,[13] so gehen wir doch kaum fehl, wenn wir in dem Blütenkind eine Allegorie auf die göttliche Liebe sehen, wie sie in Jesus Christus der Welt offenbar wurde, der göttlichen Liebe und Treue, der die davor kniende Jungfrau anscheinend gerade anvertraut wird. Wird sie doch – das jedenfalls glauben wir zu erkennen – eben in ein Tuch gehüllt, was an eine Einkleidung denken lässt, wie sie der Jungfrauenweihe durch den Bischof vorausging.[14] Dass hier nicht die Schleierübergabe durch den Bischof selber, sondern eine Einkleidung durch einen weltlichen Mann, wohl durch den Vater, dargestellt wird, entspricht so auffallend dem Selbstverständnis Katharinas, die Jahrzehnte später respektvoll betonte, ihr lieber Vater habe sie in das Kloster gegeben, dass wir uns kaum enthalten können, in diesen Figuren eine Anspielung auf Katharina selber und ihren Vater zu sehen. Wie dem auch sei, obwohl, ja gerade weil das Blütenkind mit der davor knienden Frau mitten in Scenen steht, die auf den ersten Blick höfisch, profan anmuten, halten wir unsere Deutung beider als eine Allegorie auf die zu verehrende göttliche Liebe und Treue für sinnvoll. Denn die Mischung, ja das Durchdringen des Profanen mit dem Religiösen ist für den zeitgenössischen christlichen Humanismus typisch.

Unsere These wird bestätigt durch das verfolgte Käuzchen in der Supraporte unter unserer Scene. Im Mittelalter wird das Käuzchen auf die Liebe Gottes gedeutet, auf den sich hingebenden Christus, der die liebt, die im Schatten sitzen.[15] Wir finden hier also eine humanistische und eine mittelalterliche Symbolsprache untereinander. – Soweit eine mögliche Deutung durch die Historikerin. Es ist an den Fachleuten unsere These zu überprüfen.

Auf eine Verbindung überkommenen christlich-klösterlichen Traditionsgutes mit neuer humanistischer Weltoffenheit weisen uns auch die zur gleichen Zeit geschnitzten Inschriften.[16] Es sind drei Kränze: Da haben wir in Anlehnung an gut klösterliche Tradition den Kranz, der das Schweigen als Tugend preist: «reden ist guot, wer im recht duot, schwigen ist ein kunst / ze vil reden machdt ungunst / wer nit wol reden kann, dem stat schwigen wol an.» (Reden ist gut, wenn man es rechtmässig tut. Schweigen ist eine Kunst. Zuviel Schwatzen macht unbeliebt. Wer nicht gut reden kann, der schweigt besser.) Hier wird Schweigen als Kunst gepriesen, aber doch auch zugegeben, dass, wer es rechtmässig tue, durchaus auch reden darf. Das Schweigen wird hier also nicht als Tugend an sich empfohlen, sondern als Tugend, die – je nachdem – einzusetzen ist oder auch nicht. Hier spricht neben dem um Demut ringenden Herz einer Chorfrau zugleich eine selbstbewusste Diplomatin, die um die Relativität aller Tugenden weiss. Noch mehr freilich hat sie erkannt, wie wenig Tugend und Recht in der Welt gelten, das zeigt der Spruch: «gewalt und gunst du kanst die kunst das jetz das edell recht muos sin din knecht.» (Gewalt und Begünstigung, ihr versteht euer Handwerk, sodass jetzt das edle Recht euch dienen muss.) Wenn eine Fürstäbtissin sich das in ihre Decke einschnitzen lässt, so dürfen wir ihr eine gehörige Portion Ironie zutrauen.[17] – Können wir den Hinweis auf das Unrecht, das in der Welt regiert, auch als eine Erkenntnis weltabgewandten Denkens verstehen, so fallen die folgenden Sprüche vollends aus dem klösterlichen Rahmen: «bin der red und bin den oren bekent man den essel und den toren / item welen frouwen uibell rett / der weist nit was sin muoter tet / man sol frouwen [l]oben / es sy war oder ar logen.» (An der Rede und an den Ohren erkennt man den Esel und den Toren. Ferner: Wer Frauen verleumdet, der weiss nicht, was seine Mutter tat. Man soll Frauen loben, es sei nun wahr oder gelogen.)

Ob wahr oder nicht, man soll Frauen loben. Hier wird nicht nur wieder auf die Relativität alles menschlichen Urteilens angespielt, hier wird zugleich ein selbstbewusstes Frauenverständnis eingeklagt, wie es in der italienischen Renaissance aufkam und nördlich der Alpen in schärfster Konsequenz von Agrippa von

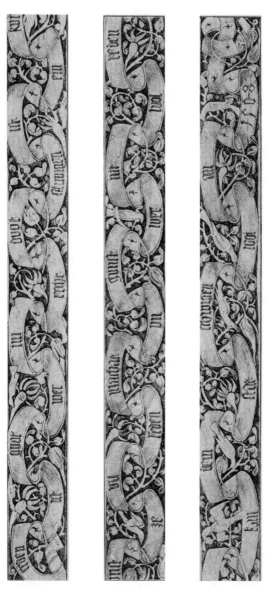

Deckenfriese mit Spruchbändern.

Nettesheim verbreitet wurde. Er ruft den spätmittelalterlichen Frauenverächtern zu: Es sei traurig, dass das weibliche Geschlecht so selten gepriesen werde, ein Sakrileg aber, dass noch niemand die Überlegenheit dieses Geschlechtes nachgewiesen habe. Nun, er tut es in den höchsten Tönen, beginnend mit Eva, die von Gott als Krone der Schöpfung zuletzt erschaffen worden und die Mutter aller Lebenden sei: «In ihr ist die Weisheit und die Möglichkeit der ganzen Schöpfung eingeschlossen und vollendet. Über sie hinaus kann kein anderes Geschöpf gefunden oder erdacht werden.»[18] Katharina konnte freilich sein Frauenlob noch nicht kennen, es wurde 1509, ein Jahr nach der Fertigstellung ihrer Schnitzereien, geschrieben und erst 1529 veröffentlicht.

Das Bild der Frau bei Erasmus von Rotterdam und den Reformatoren

Die Diskussion um Beurteilung und Rolle der Frau hinkte wie so oft hinter der Wirklichkeit her. Während der Erwachsenenjahre Katharinas war sie in vollem Gang und durchaus noch nicht abgeschlossen wie – jedenfalls vorläufig – am Ende ihres Lebens, wo die Frauen im protestantischen Raum neu als Mütter und Hausfrauen geschätzt, aber auch auf diese Rollen festgelegt wurden. Beispielhaft für die Diskussion über die Frau in der ersten Hälfte des 16. Jahrhunderts ist das Werk des Erasmus von Rotterdam, und wir dürfen mit Sicherheit annehmen, dass Katharina Erasmus gelesen hat oder zumindest indirekt mit seinem Werk vertraut wurde. Seine Werke wurden in Zürich lateinisch und auch in deutschen Übersetzungen gedruckt und verbreitet. Er wurde in den Schulen gelesen und kommentiert. Er war ein ‚Bestsellerautor'. Obwohl auf deutsch nur in meist unautorisierten Übersetzungen zu haben, hat nur Luther ihn mit deutschen Auflagen überrunden können. Kurz, Erasmus war in aller Munde.[19]

Als junger Mönch hat Erasmus noch am Ende des 15. Jahrhunderts einen Aufsatz über ‹das Verachten der Welt› geschrieben. Darin gibt er unkritisch die Klischees spätmittelalterlicher Leibfeindlichkeit wieder. Er schreibt: «Durch nichts nämlich werden die Menschen den wilden Tieren ähnlicher als durch die grässliche Fleischeslust, die je reizender sie ist, umso schädlicher wird. Darum nennt sie Platon passend einen Köder der Übel.»[20] Und weiter: «Ich gebe zu, die Ehe ist nicht schlecht, aber jämmerlich allemal. Das zölibatäre Leben, in Liebe zur Frömmigkeit ergriffen, ist viel besser und in ungezählten Hinsichten glücklicher.»[21] Solche Absage an jede Geschlechtlichkeit korrespondierte in vielen spätmittelalterlichen Texten mit einer offen ausgesprochenen Frauenfeindlichkeit. Im Anschluss an die Lehre des Aristoteles, dass das weibliche Geschlecht als passives Prinzip ein zufälliges Wesen, eine Art verunglücktes Männchen sei,[22] galt die Frau vielen Denkern als Mangelwesen, dem die Ebenbildlichkeit Gottes, die den Mann über alle Geschöpfe erhob, gar nicht oder wie bei Thomas von Aquin nur teilweise eignete. Für Thomas war sie darum moralisch und intellektuell minderwertig.[23] In Texten, die sich an breite Schichten wandten, wurde die Frau schlechthin zu einem zum Bösen prädestinierten, verführerischen Wesen, das Angst einflösste und vor dem man sich nicht genug in Acht nehmen konnte.[24] Das von Autoritäten wie Aristoteles und Thomas bestätigte Misstrauen gegen die verführerische Frau sass tief. Auch die Reformatoren überwanden es nur teilweise, Zwingli, soweit wir sehen, gar nicht. Er hat die Lehre, nur dem Manne eigne die Ebenbildlichkeit Gottes, unkritisch übernommen.[25] Wohl hat er sich freundlich und respektvoll über einzelne Frauen geäussert – unter anderem über Katharina von Zimmern[26] – sich grundsätzlich aber immer wieder verachtend über die Frauen ausgelassen. Für ihn war «die Frau ein schwaches, zu Fehltritten neigendes Wesen».[27] Das gleiche Vorurteil äussert auch Bullinger sogar in den einfühlsamen Briefen an seine Braut. Da ist die Frau nicht nur schwach, sondern auch unwissend und leicht zu betrügen.[28] Luther weist wohl die aristotelische Lehre von der Minderwertigkeit der Frau zurück und spricht ihr ausdrücklich die volle Ebenbildlichkeit Gottes zu, dennoch sind von ihm zahlreiche Aussagen bekannt, in denen er spätmittelalterliche, frauenverachtende Denkmuster übernimmt.[29] Sogar Erasmus spricht noch in seinem Spätwerk gelegentlich von der weiblichen Schwäche und Minderwertigkeit.[30]

Erasmus hatte jedoch grundsätzlich schon 1498 seine Leibfeindlichkeit überwunden. Als junger Lehrer in Paris schreibt er für einen ehunwilligen Schüler ein Lob der Ehe. Da erklärt er: «richtig leben heisse, sich der Führung der Natur anzuvertrauen, nichts aber stimme mit der Natur so überein wie die Ehe.»[31] Weit davon entfernt die Liebeslust hier als Folge der Erbsünde zu brandmarken, empfiehlt er sie mit antiken Zitaten als «süss und heilig».[32] Von Leibfeindlichkeit und Prüderie ist in dieser Schrift nichts zu spüren, im Gegenteil – entsprechend heftig wurde sie kritisiert.[33] Theologisch wird die Ehe hier noch kaum reflektiert. Die neu aus der Beschäftigung mit der Antike gewonnene Freude an der Leiblichkeit ist das Thema. Den Geschlechtstrieb bezeichnet Erasmus da als unüberwindlich. Ein Kampf gegen ihn wäre ein Kampf gegen Giganten.[34] Alle Reformatoren haben diese Behauptung verallgemeinert und übernommen. Sie spielt in ihrer Klosterpolemik und in ihrem Kampf für die Freigabe der Priesterehe eine grosse Rolle. Für sie war der Geschlechtstrieb von Gott gewollt und sollte von allen gesunden Menschen in einer Ehe ausgelebt werden. Die um des Himmelreiches willen darauf verzichten konnten und sollten, waren für sie nur wenige Auserwählte. Wer sich auch nur einmal nach dem anderen Geschlecht sehnte, gehörte etwa für Bullinger nicht dazu. Man erklärte, der Geschlechtstrieb sei für einen normalen, gesunden Menschen ausser in der Ehe nicht zu bändigen.[35]

Zunächst kann Erasmus diese neue Sinnenfreude kaum mit seinem Glauben zusammenbringen. Im Enchiridion von 1503 wird der Fromme wieder in Anlehnung an Platon darauf verpflichtet, die Welt zu verachten, um «immer von den sichtbaren Dingen zu den unsichtbaren vorzudringen».[36] 1509 aber zeichnet sich erstmals eine Verbindung von des Erasmus neuer Leibfreundlichkeit und seinem Glauben ab. Der Humanist hatte es sich zuvor in England zu seinem Lebensziele gemacht, die biblische Theologie zu erneuern, er hatte dazu Griechisch gelernt und eine erste eigene, noch handschriftliche Übersetzung des Neuen Testamentes ins Lateinische gewagt. Von Italien über die Alpen nach Strassburg reitend, flog ihm die Idee zu seinem berühmtesten Werk, zum ‹Lob der Torheit› zu. Auch hier stehen auf den ersten Blick noch die kecke Sinnenfreude des ersten Teils und die Leibfeindlichkeit des verzückten Narren am Schluss des Werkes unvereinbar nebeneinander. Wenn aber Erasmus am Anfang des dritten Teiles die Leib- und Menschwerdung Gottes so ernst nimmt, dass er von Christus sagt, «er wurde gleichermassen ein Tor, dadurch dass er menschliche Gestalt annahm», so wird der menschliche Leib mit seinen törichten Begierden vom Zentrum des Glaubens her neu gewürdigt. Wenn Gott selber diesen Leib annahm, so kann es nicht am Menschen sein, ihn zu verachten.[37] In diesem Werk ist es eine Frau, die als Törin auftritt, letztlich aber höchste Weisheit verkündet und Frauenverachtung als töricht brandmarkt.

In den späteren Werken des Erasmus wird es weder gelten, die Natur des Leibes abzutöten, noch ihr blind zu folgen, sondern den Leib als Tempel Gottes zu heiligen. Der Leib als solcher ist offen zum Guten und zum Schlechten: «Wessen Geist rein ist, der wohnt in einem Tempel ... . Die aber, die erblindet sind von gemeinsten Fehlern, dass sie niemals nach einem Schimmer der evangelischen Freiheit trachten, deren Geist liegt in einem Grab.»[38] So bedeutsam die neue Sicht der Leiblichkeit für das Denken des Erasmus geworden ist, so müssen wir uns doch hüten, sie zu überbewerten. Der Leib ist für ihn zwar gut geschaffen, aber durch die Sünde Adams und Evas gefallen, es gilt darum, die «gutgeschaffene Natur wiederherzustellen». Das aber muss der Mensch in einem ständigen Kampf gegen Laster und körperliche Lüste.[39] So klein seine Wende darum für moderne Augen aussehen mag, so wichtig war sie für Erasmus und viele seiner Zeitgenossen. Denn sie erlaubte, ein christliches Leben in und für die Welt neu zu deuten und zu bewerten. Wie der einzelne Mensch aufgerufen war, durch die ‹philosophia

Christi›, durch eine christliche Lebenshaltung, nicht der Welt zu entfliehen, sondern in der Welt seinen Leib in einen Tempel Gottes zu verwandeln, so waren die Menschen als Gemeinschaft aufgerufen, die Welt zu einer ‹respublica christiana›, zu einem christlichen Reich, umzugestalten. Die Christen konnten und sollten also, statt ins Kloster zu gehen, heiraten und in der Welt wirken. Der Glaube sollte sich nicht von der Welt abwenden, sondern sie gerade durchdringen.

Mit der Natur, wir haben es schon angedeutet, hat Erasmus auch die Frau neu bewertet. Nicht nur im ‹Lob der Torheit› auch in der ‹Klage des Friedens› wird Erasmus eine allegorische Frauengestalt wählen, um durch sie seine tiefsten Überzeugungen auszudrücken. In den Colloquien aber führt uns Erasmus echte, lebensnahe und überlegene Frauen vor, die für sein neues Bildungsideal, für die ‹philosophia Christi› werben. Denn für Erasmus ist die Frau ebenso bildungsfähig wie der Mann. Mit Nachdruck fordert Erasmus, Frauen sollten sich in den alten Sprachen, in Literatur, Geschichte, Geographie, Philosophie und vor allem Theologie ebenso ausbilden wie die Männer. Die Bibel gehört für ihn in die Hand jeder Frau, und sie soll sie, wenn möglich, im Urtext lesen.[40] Wie aber die dafür nötige Schulung durchzusetzen sei, darüber hat Erasmus kaum nachgedacht. Er überband den Müttern die Erziehungsaufgabe. Sie sollten für die heranwachsenden Töchter geeignete Privatlehrer engagieren, die sie in allerlei Handwerkskünsten, vor allem aber in allen humanistischen Fächern zu unterrichten hätten.[41] Wie breitere Schichten zu erreichen seien, wird nicht diskutiert. Des Erasmus Vorschlag, arme Kinder in den Häusern der Reichen mit unterrichten zu lassen,[42] konnte bestenfalls einigen wenigen zugute kommen.

Dass die Bibel, wenn auch in der Volkssprache, in die er sie übertrug, in die Hand der Frau gehöre, erklärte auch Luther. Er hat sich über die nötige Schulung Gedanken gemacht und forderte seit 1520 mit viel Engagement Elementarschulen für Mädchen. Mit Erfolg verpflichtete er die Obrigkeiten, Mädchenschulen auch auf dem Lande einzurichten.[43] Anders in Zürich, hier entstanden zunächst keine neuen Mädchenschulen. Zwingli zeigte sich daran nicht interessiert. Und von einer höheren Mädchenbildung, der sich Luther gleichfalls nicht annahm, hielt er überhaupt nichts. Er, der dem Humanismus im Allgemeinen und Erasmus im Besonderen so stark Verpflichtete, scheint seltsamerweise vom neuen Frauenbild völlig unberührt geblieben zu sein. In seinen Augen waren und blieben die Frauen allzu lüstern und verführbar und so abergläubisch, «dass sie selbst die Religion in einen Wahn verkehren. Darum soll man sie nur einfach lehren, ohne tiefer einzudringen ... . Deshalb lehrt auch der Apostel Paulus, dass sie den Männern im Hause untertan sein müssen und von ihren Männern lernen sollen, wenn etwas nötig ist. Im Übrigen haben sie treu zu sein und das Haus zu hüten.»[44] Wie mag Katharina von Zimmern solche Vorstellungen aufgenommen haben, sie, die aus einer stolzen Adelsfamilie mit einem entsprechend ausgeprägten, auch fraulichen Selbstbewusstsein stammte und die als Stadtherrin öffentliche Repräsentationspflichten zu erfüllen hatte? Was hat sie dazu gesagt, die ein religiöses Leben führte, die von ihrem 15. Lebensjahr an die Bildungsmöglichkeiten der Abtei nutzen konnte, sie, die in einem ausgesprochen humanistischen Milieu lebte und später als Äbtissin für die Erziehung junger Mädchen zuständig war, die ins Fraumünster gegeben wurden? Ob sie Zwingli wohl gern auf den Spruch in ihrem Empfangszimmer verwiesen hätte: «bin der red und bin den oren bekent man den essel und den toren / item welen frouwen uibell rett / der weist nit was sin muoter tet / man sol frouwen loben / es sy war oder ar logen?»[45]

Abgesehen vom Privatunterricht in einigen reichen Familien konnten junge Mädchen nur in Klosterschulen, in die sie in der Regel für einige Jahre gegeben wurden, eine höhere Bildung erwerben. Hier konnten sie Latein lernen und so Anschluss an die gelehrte Literatur finden. – Die Klosterschulen aber wurden in den protestantischen Ländern ein Opfer der reformatorischen Klosterpolemik. Für uns ist es heute schwer nachvollziehbar, wie sonst gerecht und differenziert denkende Menschen in der Reformationszeit so masslos, heftig, einseitig und grobschlächtig gegen die Klöster losziehen konnten. Luther und Zwingli lehnten mit ihren Anhängern ein reguliertes Leben mit Gelübden grundsätzlich ab mit der Begründung, im Kloster werde auf eigene Werke statt allein auf die im Glauben zu ergreifende Gnade Gottes vertraut.[46] Sie unterstellten den zeitgenössischen Mönchen und Nonnen in Bausch und Bogen Scheinheiligkeit und Faulheit. So konnte Katharina etwa in Zwinglis Schrift: ‹Von göttlicher und menschlicher Gerechtigkeit›, die der Autor ihr eigenhändig dediziert hatte, lesen, dass das Ordensleben nur «Heuchelei», ja geradezu «gottwidrig» sei und sie selber als Äbtissin einem «Gewissensgefängnis» vorstehe. Und bei der Lektüre seiner Predigt ‚Der Hirt' erfuhr sie, der Chorgesang, dem sie sich zu widmen hatte, gälte vor Gott als «Gejohle» und es schade «dem Christenvolk, so viele Nichtstuer, Priester, Mönche und Nonnen auszuhalten, da diese Anstifter aller unzüchtigen Lustbarkeit seien.»[47] Gegen ein gottgeweihtes Leben in jungfräulichem Stande polemisierten Luther und Zwingli in ihren Schriften masslos.[48] In der Praxis war man je nach dem milder, insbesondere Melanchthon. Er bestätigte Claritas Pirkheimer, sie und ihre Mitschwestern könnten, wenn sie nur ihre Hoffnung auf Gottes Gnade setzten, im Kloster ebenso selig werden wie in der Welt.[49] Melanchthon erinnert mit seinem Verständnis an Erasmus, der in seiner Methodenlehre erklärt hatte: «Was für einen gut ist, nützt nicht dem anderen; was hier ehrbar ist, ist anderswo unehrbar; was heute gelobt wird, kommt später in Verruf.»[50] Diese präzise ausgesprochene Erkenntnis, bei der Erasmus sich auf Paulus beruft, trifft sich mit dem vagen spätmittelalterlichen Lebensgefühl, das menschliche Tugenden und Urteile relativierte und uns in den Sprüchen aus Katharinas Stuben bereits begegnet ist. Es erlaubte dem Mönch Erasmus, der sich von der Klausur dispensieren liess und als Geistlicher in der Welt lebte, zugleich Faulheit, Überheblichkeit und Scheinheiligkeit in den Klöstern mit beissendem Spott zu geisseln, junge Menschen eindringlich vor einem Eintritt in ein Kloster zu warnen und doch das regulierte Klosterleben als eine mögliche Lebensform zu bejahen.[51] So hat er seine ‹virginis et martyris

Widmung Zwinglis an die Äbtissin Katharina von Zimmern
unter seiner Schrift «Von göttlicher und menschlicher Gerechtigkeit».

comparatio› 1524 für ein kölnisches Frauenkloster verfasst. Es ist ein Lob auf die Jungfräulichkeit und das Klosterleben, das den Nonnen ermögliche, frei von Sorgen ganz ihrem Herrn zu leben und sich Werken der Nächstenliebe, wie Armen- und Krankenpflege, zu widmen. Bereitwillig preist Erasmus hier in deutlichem Rückgriff auf Hieronymus das jungfräuliche Leben, aber er will es ausdrücklich nicht auf Kosten der keuschen Ehe loben.[52]

Die Ehe zu loben, lag ihm weit mehr am Herzen. Sie überdenkt er erneut in den 20er Jahren. So sehr er schon 1516 die überkommene Lehre von der Ehe als Sakrament in einer gelehrten Anmerkung zu Epheser 5, 32 erschüttert hatte, – Luther und Zwingli zogen daraus die Konsequenz und lehnten ein Ehesakrament ab – so sehr ist für Erasmus die Ehe heilig. Denn sie ist – auch dies werden die Reformatoren mit ihm betonen – von Gott eingesetzt. Und nach dem Epheserbrief ist die Liebe der Ehegatten ein Abbild der Liebe Christi zu seiner Gemeinde und umgekehrt.[53]

Aber Erasmus geht noch weiter. Für ihn ist die Liebesverbindung der Ehegatten, deren Partnerschaft er in seinem Ehebuch von 1526 in höchsten Tönen preist, ein Hinweis auf die Inkarnation, Abbild der Verbindung der zwei Naturen in Christus. Wie Gott sich in seiner Liebe zur Welt mit der menschlichen Natur verband, so verbinden sich Mann und Frau zu einer Einheit, unvermischt und unzertrennlich. Dass «der Schöpfer sich» in seiner «unaussprechlichen Liebe mit dem Geschöpf, der Höchste mit dem Niedrigsten ... verbindet», wird zum «Geheimnis» und Vorbild der ehelichen Gemeinschaft von Mann und Frau.[54] Wenn für Erasmus in der Ehe das Wunder der Menschwerdung abgebildet wird, dann weist er der Ehe als Liebesbund höchste geistliche Würde zu, zugleich auch der Frau, die in gleichem Masse wie der Mann daran teilhat. Erasmus hat diese Gedanken schon 1523 in seiner Marienliturgie geäussert,[55] breit ausgeführt aber erst 1526. Als Katharina sich zur Ehe entschloss, war die Diskussion um ein vertieftes Eheverständnis in vollem Gang. Sie konnte es ihr erleichtern, diesen Schritt bewusst zu tun und auch geistlich zu begründen. Luthers grosse

Eheschrift stammte schon von 1522. Die einzigartige christologische Begründung der Ehe durch Erasmus indessen haben er und andere, soweit mir bekannt, nicht übernommen; sie wurde einzig 1552 von Melanchthon in seinem ‹Examen ordinandorum› in einer kurzen Ehebelehrung angeführt.[56]

Des Erasmus Sicht hatte praktische Konsequenzen. Schon dass er die Sakramentslehre in Frage stellte, rüttelte an der Unauflöslichkeit der Ehe. Die reformatorischen Kirchen haben denn auch alle die Ehescheidung zugelassen, wenn Ehebruch vorlag. Erasmus aber wollte noch weiter gehen. Wenn die von Gott gestiftete Ehe Gottes Liebe, mit der er die menschliche Natur annahm, widerspiegelte und als solche unzertrennlich war, dann konnte eine misslingende Gemeinschaft, auch wenn sie formal als Ehe geschlossen war, keine von Gott gestiftete Ehe sein. Sie war dann offenbar vom Teufel gestiftet und nicht zu schützen.[57] Erasmus hat sich darum für ein Eherecht eingesetzt, das auch schwere Zerrüttung und ansteckende Krankheit, wie Syphilis, als Scheidungsgründe zuliess. In Zürich hat man in der Reformationsordnung von 1525 seine Vorstellungen weitgehend berücksichtigt.[58]

Eine Ehe zu schliessen aus Prestigegründen, um des Mammons willen oder aus Familienrücksichten, davor konnte Erasmus nicht genug warnen.[59] Noch mehr musste er Eltern davon abraten, eine Ehe gegen den Willen ihrer Kinder durchzusetzen,[60] denn für ihn bildete die Freundschaft, «die Verbindung der Seelen, die wichtigste Grundlage der Ehe».[61] Die Reformatoren setzten die Akzente anders: Die Ehe war für sie heilig und unauflöslich, weil Gott sie eingesetzt hat und sie zu seiner Schöpfungsordnung gehört.[62] Nur Bullinger erwärmt sich in Anlehnung an des Erasmus Eheschrift auch für die Freuden des Liebesbundes.[63] Im Ganzen betonen die Reformatoren eher die Beschwerlichkeiten der gemeinsamen Haushaltung und Kindererziehung,[64] um sie so gegenüber dem «unnützen» und «faulen» Jungfernstand aufzuwerten.[65] Man spürt ihren Ehelehren, die nicht von der Klosterpolemik zu trennen sind, an, dass sie im Kampf gegen das Zölibat entstanden. Die Reformatoren haben die Konsequenzen aus ihren Erkenntnissen gezogen und geheiratet. Vielleicht haben sie darum, um dem Vorwurf zu entgehen, haltlose Lebemänner zu sein, die von ihnen propagierte Priesterehe und die Ehe überhaupt als einen entbehrungsreichen, aber gottgewollten Stand dargestellt, der ein frommes und tugendreiches Leben besser garantiere als ein kaum einzuhaltendes Zölibat. Über Lust und Liebe in der Ehe, die sie durchaus sahen und erfuhren,[66] schwiegen sie lieber.[67] Erasmus, der bis an sein Lebensende zölibatär lebte, konnte hier unbefangener reden. Aber auch er verlangte ein vorbildlich tugendhaftes Eheleben. Insbesondere von der Frau forderte er geradezu vollkommene Tugenden.[68] Sie musste nicht nur sparsam, arbeitsam, sittsam, schweigsam und zurückhaltend, sie sollte auch stets fröhlich, einfühlsam und zuvorkommend, vor allem aber demütig und folgsam, ihrem Mann, auch wenn er Dummes von ihr verlangte, stets untertan sein.[69]

Erasmus interpretierte das Gebot für die Frau, dem Manne untertan zu sein, als besondere Möglichkeit der Christusnachfolge. War nicht auch Gottes Sohn untertan und gehorsam gewesen bis zum Tod? Wenn nun der Frau, durch apostolische Autorität bestätigt,[70] in besonderer Weise Gehorsam auferlegt sei, so solle sie das nicht beschweren. Werde doch das Gebot durch die gegenseitige Liebe versüsst, und es erlaube der Frau, Christus im Gehorsam noch vollkommener nachzufolgen, als es dem ihr übergeordneten Manne vergönnt sei. Wie Christus seinem Vater gehorsam war, so können und sollen insbesondere die Frauen, aber nicht nur sie, gehorsam sein. Und wie Christus sich ganz hingab und selbst den Tod aus Liebe erlitt, so können und sollen nach Epheser 5, 25f. insbesondere die Männer, aber nicht nur sie, sich in Liebe ganz hingeben.[71]

Und die schon in den Sprüchen Salomonis und auch in Plutarchs Moralia und seitdem immer wieder geforderten Ehefrauentugenden bekommen bei Erasmus ein besonderes Gesicht. Denn sie sollen aus einem glaubensstarken, freien und selbstbewussten Gemüt wachsen, das er den Frauen zuspricht und zu dessen Entfaltung er mit seinen Ratschlägen zur Mädchenerziehung beitragen will. Seine ideale Frau soll innerlich frei sein, so frei, dass sie, ohne sich etwas zu vergeben, verzichten und untertan sein kann. Zugleich aber wird sie stets selbstbewusst und tatkräftig handeln und, wenn die Männer versagen, auch an ihre Stelle treten und sie beschämen. «Wenn ihr euch nicht vorseht», lässt Erasmus seine Gelehrte im Colloquium den Männern zurufen, «werden wir in den Theologenschulen präsidieren, in den Kirchen predigen und euch eure Mitren entreissen.»[72]

So ist ihm in seinem Witwenbuch nicht nur die fromme Seherin Hanna nach Lukas 2 ein Vorbild, noch viel eindrucksvoller stellt er, wie viele Denker und Maler der Renaissance, seinen Leserinnen die tapfere Judith nach dem gleichnamigen Buch der biblischen Apokryphen vor Augen. Fasziniert zeichnet er nach, wie sie den feigen Ratsherren ihrer Heimat die Leviten las. Und ihrer durchaus nicht über alle Zweifel erhabenen Tat – einem Meuchelmord –, durch den sie ihre Vaterstadt befreite, zollt er hohes Lob. Hochherzig wie sie sollen alle Frauen, wo es die Not erfordert, das Heft in die Hand nehmen und mutig tun, was die Zeit erheischt.[73] Den Männern aber, die solch hochherzige und selbstbewusste Frauen fürchten, macht er klar, wie jämmerlich und dumm ist, wer «keine aufrechten Gemüter neben sich ertragen kann».[74]

Frauen in der Realität des 16. Jahrhunderts

An die Männer zu appellieren, starke Frauen ‹männlich› zu ertragen, war nur zu nötig. Denn die Frauen griffen immer wieder energisch und selbstbewusst in die Wirren der Reformationszeit ein. In Waldshut etwa verteidigten die Frauen ihren ausgewiesenen Prediger Balthasar Hubmair mit Waffengewalt,[75] in Basel demonstrierten im Jahre 1522 Frauen für ihren Seelsorger, den später in Zürich wirkenden Pfarrer Räubli, und drangen zum Teil hochschwanger bis auf die Gerichtsstube.[76] In Genf scheuten sich Frauen nicht, während der Strassentumulte Seite an Seite mit den Männern zu kämpfen.[77] Und im Kloster Katharinental bei Diessenhofen griffen gar die Nonnen zu Steinen, Keulen und

Besenstielen.[78] – Aus Zürich sind uns keine entsprechend spektakulären Vorgänge bekannt. – Gerade auch die freiwillige Übergabe des Fraumünsterstifts durch Katharina von Zimmern dürfte mit dazu beigetragen haben, dass die Stadt vor bürgerkriegsähnlichen Zuständen bewahrt blieb. Und von Zwingli wurden die Frauen, wie wir hörten, durchaus nicht ermutigt, sich öffentlich zu engagieren. – Aber auch hier nahmen Frauen gegen den Willen ihrer Männer für Zwingli Partei und waren selbst mit Schlägen nicht davon abzubringen.[79] Die Unruhen ergriffen alle Schichten. In den Quellen begegnen uns Täuferinnen aus den ärmsten Kreisen, die öffentlich mit provozierenden Reden auftraten, gleichzeitig engagierte sich etwa die Adlige Argula von Grumbach ebenfalls öffentlich für einen verfolgten Protestanten. Während Argula von ihrer vornehmen Familie eingeschüchtert und schliesslich, wenn nicht zum Schweigen, so doch zu mehr Zurückhaltung gezwungen wurde,[80] erhielten Täuferinnen oft Unterstützung und Anerkennung durch ihre Ehemänner und Familien.[81] Wie die Täufer unterstützten auch vereinzelte gelehrte Humanistenfamilien das öffentliche Auftreten ihrer weiblichen Familienangehörigen,[82] und die tüchtige Strassburger Pfarrfrau Katharina Zell wurde von ihrem Mann ermuntert und gedeckt, von seinen Kollegen aber misstrauisch betrachtet.[83] Im Ganzen dürfte öffentliches Auftreten von Frauen eher beargwöhnt und unterdrückt worden sein. – Zwingli, der von den Jünglingen während der Jugend, von den Frauen aber während des ganzen Lebens Schweigen verlangte,[84] stand nicht allein. – Je nachdem aber verstärkte man auch ihre öffentliche Stimme. So wurde Argula von Grumbach durch Luther gefördert,[85] und Ursula, Herzogin von Münsterberg, und Florentina von Oberweimar konnten ihre Proteste gegen die Zustände in Frauenklöstern und die Gründe für ihren Klosteraustritt gar mit einem Vorwort von Luther publizieren, obwohl sich insbesondere Florentinas Schrift nicht durch interessante oder auch nur erbauliche Überlegungen auszeichnet.[86] Auf katholischer Seite wurden etwa die Nonnen von St. Katharina zu Diessenhofen für ihre Unbotmässigkeit gelobt.[87] Frauen waren jedenfalls durchaus bereit, sich öffentlich zu engagieren. Erasmus rannte offene Türen ein, wenn er den Frauen empfahl, sich Judith zum Vorbild zu nehmen. Wenn ihre Taten auch nicht so spektakulär waren, so waren viele Frauen in der Reformationszeit doch wie Judith wenig wählerisch in ihren Mitteln.

Ebenso offene Türen rannte Erasmus ein, wenn er forderte, Ehen sollten aus Liebe und Seelenfreundschaft geschlossen werden, nicht aus Geld- oder Familienrücksichten. Mathias Beer hat aus privaten Briefquellen nachweisen können, dass schon seit der Mitte des 15. Jahrhunderts zunehmend die Zuneigung der Brautleute für eine eheliche Verbindung wichtig wurde und Kriterien wie Vermögen und Ansehen der Schwiegerfamilie, die im 14. Jahrhundert noch massgebend waren, in den Hintergrund traten.[88] Töchter begannen bei der Gattenwahl mitzureden, und die neu sich verbreitende Lohnarbeit ermöglichte heiratswilligen Paaren unabhängig vom Familienverband und ohne herrschaftliche Einwilligung, eine Ehe einzugehen und, auf sich gestellt, ihr Einkommen selbständig zu erarbeiten. So konnten sie sich den Wünschen der Familien widersetzen. – Ob die vermehrt ermöglichte Schulbildung insbesondere auch für Handwerkers- und Kaufmannstöchter in den Städten an dieser Entwicklung Anteil hatte, wage ich nicht zu entscheiden. Jedenfalls haben Städterinnen schon vor Luthers Aufruf Elementarschulen besucht.[89] – Eheschliessungen gegen den Willen der Verwandten wurden zum Problem.[90] So haben denn auch Erasmus und die Reformatoren vor einer Ehe ohne Einwilligung der Eltern gewarnt.[91] Brave Töchter konnten da in einen zermürbenden Zwiespalt geraten. Anna Adlischwyler glaubte Heinrich Bullinger selbständig ihr Jawort geben zu dürfen, konnte sich dann aber nicht entschliessen, gegen den Widerstand ihrer Mutter die verbindlich versprochene Ehe einzugehen. Als die Mutter andere Heiratskandidaten vorschlug, kam es zu erbitterten Auseinandersetzungen sogar vor Gericht. Das Paar heiratete erst nach dem Tode der Mutter.[92]

Wie Frauen und Männer sich im Spätmittelalter mehr und mehr wehrten, eine Ehe ohne gegenseitige Liebe zu schliessen, so sehnten sie sich mehr und mehr nach Eheglück überhaupt. Sie waren nicht mehr bereit, um des Himmelreiches willen oder aus Familien- und Herrschaftsrücksichten auf eine Ehe zu verzichten. Handwerker und Hausmädchen heirateten gegen den Willen ihrer Arbeitgeber, auch wenn sie deswegen ihre Arbeitsstellen verloren.[93] Kleriker gingen eheähnliche Verhältnisse ein. Sie fanden Frauen, die einwilligten, mit ihnen ein Leben als «Pfaffenhure» zu führen, gründeten mit ihnen einen gemeinsamen Hausstand und erkämpften sich Möglichkeiten, den illegitimen Kindern ein Erbe zu hinterlassen.[94] Schon vor der Klosterpolemik der Reformatoren hatte das zölibatäre und weltabgewandte Leben seine grosse Anziehungskraft verloren.[95] Wenn die Reformatoren die Ehe propagierten und das Klosterleben verpönten, dann verstärkten und legitimierten sie eine längst vorhandene Tendenz, die es ihnen ermöglichte, in kürzester Zeit gesellschaftliche Anerkennung für die Priesterehe zu finden. Und ihre Obrigkeiten konnten, ohne auf allzu grossen Widerstand zu stossen, Klöster aufheben und das Klostergut neuen, von der ehefreundlichen Bürgerschaft erwünschten sozialen Zwecken zuführen.

Das humanistische Bildungsideal für Frauen konnte nur eine begrenzte Zahl Interessierter verwirklichen, denn keine Schule nahm sich dessen an. Bildungsbeflissene Frauen waren auf eine verständnisvolle Familie angewiesen, die ihnen Privatunterricht oder eine Ausbildung in einem humanistisch geprägten Kloster zukommen liess. Humanistisch gebildete Frauen blieben indessen nicht auf wenige Gelehrtenfamilien beschränkt. Von der Adligen Argula von Grumbach haben wir schon gehört, aber auch Vertreterinnen des regierenden Hochadels etwa gehörten dazu, wie Katharina von Aragon und Margarete von Navarra, um nur die bekanntesten zu nennen. Eine Bildung im Sinne des Erasmus erwarben Frauen unabhängig vom Stand, in dem sie bereits lebten oder für den sie erzogen wurden. Erasmus selber nennt Töchter dreier Familien, die für ihn vorbildlich sein Frauenideal verkörperten.[96] Die Rollen, in denen sie seine ‹philosophia Christi› lebten, umfassten alle drei damals möglichen fraulichen Lebensentwürfe: Margret Roper, die älteste Tochter des Thomas Morus, erhielt in ihrem Elternhaus eine hervorragende Ausbildung, die sie in ihrer Ehe vertiefte. Sie ist Mutter und Erzieherin ihrer Kinder. Sie steht einem grossen Haushalt mit Angestellten vor und hat repräsentative Pflichten.[97] Claritas Pirkheimer wurde früh für das Kloster bestimmt. Sie ist Äbtissin des Klarissenklosters in Nürnberg und wird anders als Katharina ihre Gelübde bis an ihr Lebensende als bindend betrachten und ihr Kloster in offener Rebellion gegen den Rat vor der Aufhebung bewahren.[98] Margarete Blarer schliesslich hat bewusst ein eheloses Leben in der Welt gewählt. Sie widmet sich als alleinstehende Frau, geborgen im Schosse einer angesehenen und wohlhabenden Patrizierfamilie, pädagogischen und sozialen Aufgaben. Oft um Rat gefragt, übt sie einen nicht unerheblichen Einfluss auf die Reformatoren in Konstanz und Strassburg aus. Zudem soll sie erfolgreich im Leinwandhandel spekuliert haben.[99]

Das erasmische Frauenideal sprengte die alten ständischen und die neuen konfessionellen Grenzen, die die Menschen des 16. Jahrhunderts voneinander trennten. Es liess sich gleichermassen im Kloster, wie in der Welt verwirklichen, als regierende Fürstin, als Hausfrau und Mutter in städtischem oder ländlichem Milieu und als ‹alleinstehende› Frau in selbständigem Einsatz für die Sache Christi.

Die Übergabe des Fraumünsterstiftes durch Katharina von Zimmern

Betrachten wir vor diesem Hintergrund die beiden Schriftstücke zur Übergabe des Fraumünsterstiftes. Es sind die einzigen Quellen, die uns die Motive von Katharina von Zimmern deutlich machen können. Die Vorlage zur Übergabeurkunde vom 8. Dezember 1524 – die Urkunde selber wurde erst später gefunden – fand, seit sie durch G. von Wyss abgedruckt worden war, verschiedentlich das Interesse der Forscher.[100] Dagegen wurde die interessante, am 30. November 1524 datierte Quelle, die einen Einblick in Katharinas Überlegungen zur Übergabe des Fraumünsterstiftes an den Rat gibt, nur in die schwer zugängliche Sammlung der Alemannischen Diplome von Neugart aus dem 18. Jahrhundert aufgenommen.[101] Immerhin zitiert Georg von Wyss Katharinas Erklärungen in seinem Textteil fast vollständig.[102] Dennoch wurde die Quelle kaum beachtet. Darin wird in indirekter Rede zu Handen des Rates protokolliert, dass und warum Katharina bereit war, als letzte Äbtissin auf ihre Hoheits- und Besitzrechte an der Abtei zu verzichten. Die Quelle scheint sehr zuverlässig. Nicht nur wird ihr Inhalt durch die Übergabeurkunde bestätigt, es lässt sich auch keinerlei Tendenz ausmachen, Aussagen Katharinas umzudeuten. Das wäre ja auch wenig sinnvoll gewesen, denn in dem Protokoll geht es gerade darum, die Absichten Katharinas dem Rat möglichst genau zur Kenntnis zu bringen. Die Reaktion des Rates darauf liegt vor. Die Nachschrift gibt sie bereits kurz und bündig wieder. Der Rat nimmt die bedeutenden Besitzrechte, die mit den alten kaiserlichen und königlichen Privilegien verbunden waren, am 30. November an sich. Am 5. Dezember wird die Übernahme noch einmal traktandiert.[103] Am 8. Dezember werden die beiden offiziellen Urkunden ausgestellt: Katharinas Übergabeurkunde und die Urkunde des Rates, die Übergabe und Übernahme bestätigt und das Leibgeding für Katharina festlegt.[104] In dieser Ratsurkunde geht es nicht mehr darum, Motivation und bevorstehende Handlungsweise Katharinas genau wiederzugeben, hier geht es darum, die Übergabe durch Katharina im Sinne des Rates zu bestätigen und zu rechtfertigen.

In der Übergabeurkunde erklärt Katharina, ihr Vater habe sie in das Kloster gegeben. Hier erleben wir bereits die erste Überraschung: Nonnen begründeten ihren Austritt gern damit, dass sie nicht aus eigenem Antrieb, sondern auf Wunsch der Eltern die Gelübde abgelegt hätten.[105] Wir würden das auch bei Katharina erwarten. Aber kein Wort der Kritik an ihrem Vater wird laut. Im Gegenteil, sie erklärt ehrfurchtsvoll, sie bedenke ihres «herren vaters gemuet», ihres Herrn Vaters Willen. Wie sie als brave Tochter in die Abtei eingetreten ist, so will sie auch als ehrfürchtige Tochter im Sinne ihres Vaters die Abtei übergeben. Sie kann das, denn ihr Vater hatte – schon die auf den 30. November datierte Erklärung zum Verzicht gibt es wieder – sie und ihre «Schwester in das Gotteshaus gegeben und nicht dem Kapitel, sondern dem Bürgermeister und Rate ... anvertraut, damit die sie als Vormund beschützen».[106] Katharina glaubt also, sich auf den Willen ihres verstorbenen Vaters berufen zu können, wenn sie dem dringenden Wunsch des Rates, die Klostergüter neuen Zwecken zuzuführen, entgegenkommt. Denn der Rat vertritt als Vogt und Schirmherr mit Willen ihres verstorbenen Vaters eine Art Vaterstelle an ihr. Anderseits ist sie sich bewusst, dass sie gegen den Willen ihrer Familie und ihres Bischofs die Abtei übergibt: «Es gäbe etliche Aufwiegler, die es gerne gesehen hätten, wenn sie, um die Übergabe zu verhindern, Rat beim Bischof von Konstanz, bei Ihrer Gnaden Bruder und bei meinen Herren, den Eidgenossen, oder auch bei noch anderen Rat und Beistand gesucht hätte».[107] Sie handelt also im Widerstand gegen Familie und Diözesanbischof, legt aber Wert darauf, im Sinne ihres Vaters zu entscheiden. Das entspricht dem neuen Wertekanon der Städter, wonach Familienbande und bischöfliche Autorität wanken, das Gebot, die Eltern zu ehren, aber von Humanisten und Reformatoren neu eingeschärft wird. Wenig später wird sich Katharina ein zweites Mal nicht um den Willen und die Ansprüche ihrer Familie kümmern, aber anders als hier wird sie auch der Meinung des Rates nichts nachfragen, denn sie wird einen verbannten, in Zürich zum Tode verurteilten Söldnerführer heiraten. Mit der Übergabe der Abtei ist für sie offenbar die besondere Schirmherrschaft des Rates über sie erloschen, jedenfalls fühlt sie sich nicht verpflichtet, bei der Wahl ihres Ehemannes auf den Rat Rücksicht zu nehmen.

Die Formulierungen deuten für uns nicht darauf, dass Katharina die Autorität des Vaters vorgeschoben hätte, um die umstrittene Übergabe zu rechtfertigen. Die Worte deuten auf echte Hochachtung für den Vater. Und Katharina macht allen Lesern bewusst, dass sie letztlich aus eigener Entscheidungsbefugnis und auf Grund eigener Einsicht handelt: aus «unßer selbs besten verstendnuss», nach ihrem eigenen besten Verständnis also. Sie hätte die Übergabe eben auch verweigern können. Als «einzige Herrin und Äbtissin» hatte sie «wol macht», hatte sie die Befugnis, einzuwilligen – oder auch nicht.[108]

Ihr Spielraum war jedoch sehr eng. Schon seit der Luzerner Tagsatzung im April 1524 war weiterum bekannt, dass der Rat wünschte, die Klostergüter für Schulzwecke, Kranken- und Armenpflege heranzuziehen. Am 3. Mai setzte er erstmals eine Ratskommission ein, die im Hinblick auf die Armen Vorschläge für eine neue Klosterordnung unterbreiten sollte.[109] Der Konvent von Embrach geht denn auch schon im September 1524 den Rat um eine Neuordnung an, und spätestens seit dem 20. November 1524 stand fest, dass der Rat entschlossen war, seinen Wunsch mit allen Mitteln durchzusetzen und die Klostergüter in eigener Kompetenz zu verwalten.[110] Vom 1. Dezember an hat der Rat unmissverständlich zu handeln begonnen.[111] Katharina konnte Ende November nicht mehr damit rechnen, erfolgreich die Übernahme der Stiftsgüter durch den Rat verhindern zu können, es sei denn, sie hätte an Bischof und Eidgenossen oder gar an Papst und Kaiser appelliert und Hilfe von auswärts mobilisieren können. Es war allerdings wenig realistisch, darauf zu hoffen und hätte zudem aller Wahrscheinlichkeit nach zu Blutvergiessen geführt. Gerade das aber wollte – wir werden es noch hören – Katharina verhindern. Für sie gab es im November 1524 wohl nur zwei Möglichkeiten: Sie konnte die Aufhebung des Fraumünsters allenfalls unter Protest hilflos über sich ergehen lassen und zu ihrer Familie zurückkehren oder in ein anderes Kloster gehen, oder sie konnte dem Zwang zuvorkommen und freiwillig die Übergabe regeln und – soweit noch möglich – mitgestalten und eine angemessene Leibrente aushandeln. Sie entschied sich für eine freie Übergabe.

Vorher bespricht sie sich nicht nur mit ehrbaren, tüchtigen Leuten, sie entlastet auch ihr Gewissen und nimmt Gottes Ehre zu Herzen: «wir unßer gewússne und conscientz entladen, die ere und lob gottes zuo hertzen genomen ...»[112] Was heisst das? Der Rat hat in seiner Bestätigungsurkunde erklärt, Katharina habe die Abtei übergeben, um ihr Gewissen damit zu entlasten, und damit der Rat die Abteigüter zu besserem, zu anderem gottgefälligem Nutzen verwenden könne: «ir conscientz hiemit zuo entladen, unß söllichß alles in ander Gottes gefelliger dienst zue bewenden».[113] Und Bullinger wird 1572 in seiner Reformationsgeschichte Zweckbestimmungen wie Seelsorge und Armenpflege angeben, an die die Äbtissin die Übergabe geknüpft habe und erklären, Katharina habe verlangt, die Abtei sei zu verbessern und zu reformieren.[114] Nach Bullingers Angaben und dem Wortlaut der Ratsurkunde mit dem in Katharinas Satz eingeschobenen ‹hiemit› und ‹zu› und dem erklärenden Nebensatz, die Klostergüter sollten gottwohlgefälliger genutzt werden, muss der Leser annehmen, die Äbtissin habe sich ganz im Sinne der reformatorischen Klosterpolemik geäussert, wonach das Leben im Kloster die Gewissen belaste, wie es in entsprechenden Quellen auch tatsächlich formuliert wurde.

So erklärten einige Dominikanerinnen des Klosters Oetenbach im Mai 1523, Orden und Kutten würden von Glauben und Seligkeit trennen,[115] und ihre Ordensschwestern in Töss baten um eine neue Ordnung, damit sie ihre Zeit zu Lob und Ehre Gottes gebrauchen könnten, statt wie bisher müssig zu gehen.[116] Ursula von Münsterberg schrieb zur Verteidigung ihres Klosteraustritts: Das Ordensleben im Kloster verlasse sich auf Menschenwerk und verspotte so Gottes Gnade, die allein selig mache; so verstosse es gegen Gottes Ordnung und müsse das Gewissen einer wahren Christin belasten. Die Klostergüter dienen nur nutzlosem Müssiggang, es sei nötig, sie Werken der Nächstenliebe zuzuführen.[117] In diesem Sinne hat 1529 der Konvent des St. Claraklosters in Basel seine Übergabeurkunde formuliert. Da erklären die Nonnen, sie wollen «zu gemeinem Christenstand» zurückkehren, den sie «im Orden durch Unwissenheit eine Zeit lang verlassen haben». Die Klostergüter sollen nicht «verschwendet» werden, «sondern vielmehr so verwendet, dass dadurch die Ehre Gottes vermehrt, den Armen und Bedürftigen geholfen und der allgemeine Nutzen der Stadt Basel gefördert werde».[118]

Entsprechendes finden wir indessen weder in Katharinas Erklärungen zum Verzicht noch in der Übergabeurkunde. Über den bisherigen Stiftungszweck wird nicht geurteilt und zur neuen Zweckbestimmung heisst es nur formelhaft: Die Ratsherren sollen es brauchen, wie es ihnen beliebt, «nach irem willen und gefallen», und es wird mahnend beigefügt: wie sie es vor Gott, dem Allmächtigen, verantworten wollen, «und als si gott dem allmechtigen darumb antwurt geben wellent».[119] Bedingungen hätte Katharina, meine ich, sinnvoller Weise auch nicht daran knüpfen können. Sie hatte weder die Macht noch das Recht dazu, sie durchzusetzen. Ein Recht zur Übergabe besass sie ja nur unter der Voraussetzung, dass der Rat die bis anhin Papst und Kaiser zustehenden Rechte ausübte.[120] Den Instanzen, die die Stiftung getätigt und bestätigt hatten, konnte sie jedoch kaum einen neuen Stiftungszweck vorschreiben. Sie hätte allenfalls einen Wunsch äussern können. Aber auch darauf verzichtet sie in der Übergabeurkunde und, soweit protokolliert, im vorausgegangenen Gespräch. – Vielleicht sah sie sowieso voraus, dass das Abteivermögen zunächst weiterhin den Aufgaben dienen würde, denen es bereits gedient hatte: dem Unterhalt einer höheren Schule und der Pfarrerbesoldung.[121] –

Jedenfalls stellt sie nach den Quellen keinerlei Bedingungen und macht keine Auflagen für den zukünftigen Gebrauch der Abteigüter. Einen Vorbehalt und Wunsch äussert sie nur in Bezug auf ihren zukünftigen, persönlichen Unterhalt und die Ansprüche des Kapitels. Schon gar nicht, und das scheint mir noch wichtiger, wird ein Wort der Kritik am bisherigen klösterlichen Leben laut. Es sind andere Gründe, die Katharina im Gespräch geltend macht: Da ist von Dankbarkeit die Rede und von Ruhe oder besser Frieden für beide Seiten – «auch umb ruwen willen beiden tailen» – und «damit die Stadt Zürich ihr Vorhaben gegen andere (Klostervorsteher), die denn doch weniger Ansehen geniessen als Ihre Gnaden, mit grösserer Schicklichkeit ausführen könne».[122] Es geht ihr also darum, die Klosteraufhebungspolitik der Stadt nicht zu boykottieren. Denn, so erklärt sie, wenn sie sich nach dem Wunsch des Bischofs, der Eidgenossen und ihrer Familie weigere, die Abtei zu übergeben, und die Klosterpolitik des Rates behindere, dann würde das «der Stadt Zürich und ihrer Gnaden selber bald grosse Unruhe und Unglück bringen».[123] Sie argumentiert also nicht, weil das Klosterleben schlecht sei und ihr Gewissen belaste, gäbe sie es auf, sondern, weil ihr Festhalten am Klosterleben, da und sofern der Rat es aufheben wolle, Unruhe bringen würde.

Diese Befürchtung war durchaus realistisch. Dort wo Konvente gegen den Willen der Obrigkeit am Ordensleben festhielten, kam es zu schweren Tumulten. Wir erinnern nur an Genf, St. Gallen und Diessenhofen. Solche blutigen Unruhen wollte die Äbtissin verhindern. Das war ihr Anliegen. Die Motivation, die der Rat in seiner Urkunde Katharina zuschreibt und die bis heute das Bild von Katharina als einer unkritischen Anhängerin der Reformation geprägt hat,[124] wird durch die anderen Quellen nicht bestätigt. Die Formulierung des Rates, die der reformatorischen Klosterpolemik entspricht, macht deutlich, warum der Rat glaubte, die Abtei – entgegen kanonischem und altem Reichsrecht – übernehmen zu dürfen, und wozu er sie übernehmen wollte, nicht aber warum Katharina sie übergeben hat. Sie, das gibt die am 30. November datierte Erklärung deutlich wieder, übergab die Abtei, um Unruhe zu verhindern.

Was aber bedeuten dann die Sätze Katharinas: «wir unßer gewússne und conscientz entladen, die ere und lob gottes zuo hertzen genomen ...»?[125] Der Doppelbegriff «gewússne und conscientz» ist auch sonst in spätmittelalterlichen Texten belegt.[126] Luther gebraucht ihn in den frühen Werken, später wird er ihn als nicht biblisch ablehnen.[127] Der Doppelbegriff geht auf die scholastische Unterscheidung von ‹synteresis› und ‹conscientia› zurück, wobei wir hier wohl mit Thomas unter Gewissen die allgemeine Erkenntnis der sittlichen Werte verstehen dürfen und unter conscientia das menschliche Entscheidungsvermögen, das die sittlichen Grundsätze anwendet.[128] Wir glauben die Verbform ‹entladen› im ersten Satz, wie die Form ‹genomen› im zweiten, als Partizip Perfekt lesen zu müssen. Auf jeden Fall ist der erste Satz dem zweiten vorgeordnet. Unvoreingenommen durch die Interpretation des Rates muss ein Leser dieses Textes, der in frühreformatorischer Zeit in einer Abtei entstanden ist, die beiden Sätze so verstehen: Katharina habe wohl in einer formellen Beichte – ob vor dem Beichtvater oder allein im Gebet mit ihrem Herrgott – ihr Gewissen entlastet und so Lob und Ehre Gottes zu Herzen genommen – und überhaupt erst recht zu Herzen nehmen können. Denn echte Verehrung, Lob und Dank gegenüber Gott gehören nach überliefertem Beichtverständnis und auch noch nach frühreformatorischer Lehre zur Frucht einer rechten Beichte.[129]

Mit entlastetem Gewissen also habe sie den Entscheid gefällt als Christin, die wie alle Christen in der Hoffnung stehen soll, «göttliche ordnung ze volbringen».[130] Sie will ihr Leben nach göttlicher Ordnung gestalten. Das lässt aufhorchen im Text einer Frau, die drei Jahrzehnte lang als Ordensfrau in einem besonderen ‚ordo dei' (einer Ordnung Gottes) gelebt hat und eben im Begriff ist, diese Ordnung zu verlassen. – Und von dieser Wortwahl her – im frühen 16. Jahrhundert wurden die Begriffe «ordnung» und «orden» oft synonym verwendet – bekommen nun auch die beiden Begriffspaare ‹gewüssne und conscientz› und ‚ere und lob gottes' eine besondere Bedeutung. – Nicht nur Ordnung ist ein Schlüsselbegriff klösterlichen Lebens, sondern auch die Gewissensentlastung und Lob und Ehre Gottes. Unter diesen Begriffspaaren lässt sich geradezu klösterliches Leben und klösterliche Spiritualität zusammenfassen. Zugleich aber sind es Begriffe, denen auch die Reformation zutiefst verpflichtet ist. Katharina wird sie wiederholt auch in Zwinglis Fraumünsterpredigten gehört haben.

Der Ordnungsbegriff der frühen Neuzeit, als ein Zusammenstimmen ungleicher Dinge zu einem harmonischen Ganzen, entspricht weitgehend dem des Mittelalters. Die Ordnung alles Geschaffenen ist auf Gott hin bezogen und soll sich im menschlichen Leben widerspiegeln. Die Gesellschaft wird als ein Leib mit vielen Gliedern verstanden, in dem alle Glieder aufeinander zugeordnet sein sollen. Es ist eine hierarchische Ordnung, entsprechend sind die Obrigkeiten den Untertanen übergeordnet und die Frauen den Männern untertan.[131] Das Mittelalter glaubte, dass im Kloster, im Ordensleben, Gottes Ordnung in besonderer Weise gelebt werden könne. Die Reformatoren hingegen lehnten diesen Anspruch dezidiert ab und betonten, dass gerade die weltlichen und gesellschaftlichen Ordnungen, «ordines et gradus societatis», so Luther, dem Menschen von Gott auferlegt seien. Und sie betonten, insbesondere sei die Ehe von Gott geordnet.[132] Katharina wird wenig später in diese Ordnung eintreten. In den Schlussreden von 1523 hat Zwingli mit polemischem Unterton gegen die Ordensregeln ausgeführt: Durch Christus seien die Gelübde ganz und gar abgeschafft und folgert: «Denn den orden des gloubens halten, ist der gröste, beste orden». Der Orden des Glaubens ist für ihn der grösste, weil «man darin genau weiss, dass alle, die ihm angehören, Kinder Gottes sind und die Werke tun, die Gott befohlen hat.»[133] In diesem Sinne wird Katharina den Begriff ‹göttliche ordnung› hier gebraucht haben als eine Ordnung, die überall gelebt werden kann, allerdings hat sie den Begriff nicht polemisch gegen die klösterlichen Ordensregeln gekehrt. Sie benutzt gerade die weite Begriffsbedeutung um beides: klösterliches Ordensleben und innerweltliches, auf Christus hin geordnetes Leben unter einem Wort zusammen zu fassen. So nannte sie sich in der Übergabeurkunde eine Äbtissin «von gottes gnaden» und im vorausgehenden Gespräch «uß der ordnung gotz diser zit»[134], nach Gottes Ordnung zum damaligen Zeitpunkt die Letzte im Gotteshaus. Sie sieht Gottes ordnende Hand über ihrer Äbtissinnenzeit und in der Tatsache, dass sie als Letzte die Möglichkeit hat, die Abtei zu übergeben. Sie tritt mit vollem Bewusstsein in eine neue weltliche Ordnung ein, aber sie tastet die klösterliche Ordnung nicht an.

Das Gewissen war in den zwanziger Jahren des 16. Jahrhunderts in aller Munde. Ob alt- oder neugläubig, man berief sich darauf, dass, wider das Gewissen zu handeln, Sünde sei.[135] Wir lesen es bei Claritas Pirkheimer ebenso wie bei Ursula von Münsterberg.[136] Katharina ist hier bescheidener: Sie entlastet nach klösterlichem Brauch ihr Gewissen, um dann nach bestem Verständnis reformatorisch zu handeln.

Katharina, die würdige Zurücktretende

Im Kloster hat sie als Chorfrau Gott gelobt und geehrt. Jetzt ehrt sie mit der Übergabe ihren Herrn als eine Fürstäbtissin, die gottwidrige Unruhe und Unordnung zu verhindern trachtet, und nach der Übergabe wird sie Gott im weltlichen Leben die Ehre geben können. Dazu tritt sie von ihrem Äbtissinnenamt zurück und verzichtet auf alle damit verbundenen Würden und Privilegien. Die Übergabeurkunde ist für sie vor allem eine Verzichtsurkunde und zwar in doppeltem Sinne. Denn sie verzichtet darin mit ihrer hohen Würde und ihren Privilegien zugleich auf alle Klosterpolemik und so auf jede persönliche Rechtfertigung. Sie hatte es – und da ist sie fast einzigartig in ihrer Zeit – offenbar nicht nötig, die alte Ordnung zu verunglimpfen, um die neue mutig zu ergreifen. Sie erkannte mit Erasmus, dass auf Erden alles Ding seine Zeit hat, und darum Christen zu verschiedenen Zeiten ihren Glauben auf verschiedene Weise leben.[137] Sie konnte die «zitt nach gstallt der löffen»,[138] die Gegenwart von der Eigenart der Zeitläufe her beurteilen und Gottes Walten in verschiedenen Zeiten mit ihren verschiedenen vergänglichen Werten und menschlichen Vorurteilen am Werke sehen. Gerade so – hier möchte ich mir ein persönliches Urteil erlauben – nahm sie, die Altes und Neues als Gottes Gnade und Ordnung aus ihres Schöpfers Hand empfing, die Ehre und das Lob Gottes zu Herzen.

Ihre Hauptmotivation war, den Frieden in Zürich zu erhalten. Frieden und Eintracht in der Christenheit stand an erster Stelle des Wertekanons in Humanistenkreisen. Die Reformatoren dagegen haben, um der von ihnen erkannten evangelischen Wahrheit auch im politischen Zusammenleben zum Durchbruch zu verhelfen, schliesslich Spaltung und Unruhe riskiert. Deshalb wandten sich viele Humanisten von ihnen ab. Katharina hat gerade umgekehrt, indem sie die Reformation förderte, Zürich vor Unruhen bewahrt.

Die Quellen erweisen Katharina als eine Frau, die wie ihr verehrter Vater, dem sie sich über seinen Tod hinaus verpflichtet fühlte, hoch gebildet war. Wenn sie auch kaum, wie die erasmische Gelehrte, Griechisch gelernt hatte – es ist hingegen anzunehmen, dass sie Lateinisch spätestens im Kloster betrieben und gut beherrscht hat[139] –, so hat sie doch gewandt und differenziert, ja überlegen die Übergabeurkunde formulieren lassen. Sie ist fähig, die Zeitläufe kritisch zu verfolgen und ihre eigene Stellung darin zu hinterfragen, wie es schon die Sprüche in ihren Empfangsräumen andeuteten. Selbständig wagt sie zu entscheiden und hört doch auf den Rat tüchtiger Leute. Hochherzig schreitet sie zur Tat. Um Blutvergiessen zu verhindern, übergibt sie die Abtei, was ihr bittere Kritik einbringen musste. – Ihre Familie wird sie fortan wie eine Aussätzige meiden.[140] – So nimmt sie in einer aufgewühlten Umbruchszeit ihre Verantwortung wahr als «Parteigängerin Christi», wie Zwingli bezeugte, nicht aber als eine leicht lenkbare Frau, die ihm nichts hätte abschlagen können, wie er etwas vollmundig beifügte.[141] Indem sie Klosterkritik vermeidet, distanziert sie sich von seiner Parteidoktrin. Wie die erasmische Frau tut sie frei und mutig, was zu ihrer Zeit und nach ihrem Verständnis die Ehre Gottes erheischt. – Aber ebensowenig wie sie eine blinde Parteigängerin Zwinglis war, war sie eine blinde Anhängerin des Erasmus. So sehr sie der erasmischen Frau ähnelt, so wenig lässt sie sich auf den erasmischen Wertekanon festlegen. Für Erasmus waren Söldner «der Abschaum der Menschheit». Später wird er sogar ausdrücklich davon abraten, einen Söldner zu heiraten.[142] Katharina aber wird just einen Söldnerführer ehelichen. Dass sie jedoch wohlversorgt und noch im vorgerückten Alter heiratet und Kinder gebiert, zeigt, wie konsequent und risikofreudig sie ihr neues Leben in der Welt anpackte, so die neuen humanistischen und reformatorischen Werte umsetzend.

Katharina hat der Stadt Zürich einen grossen Dienst erwiesen, jedoch nicht durch eine selbstherrliche, heldenhafte Tat, sondern gerade durch einen Verzicht, durch ihren Rücktritt. So ist sie, wie es die Glockeninschrift rühmte, wahrhaftig und in wörtlichem Sinne zu einer «clarissima *anachorita*», – zu einer hochberühmten *Zurücktretenden* geworden.[143]

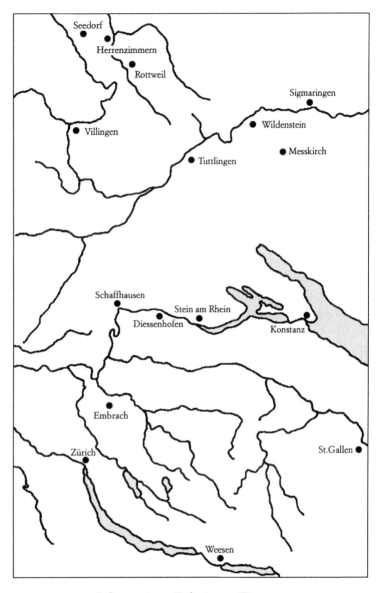

Lebensstationen Katharina von Zimmerns.

Anmerkungen

Herkunft und Jugend

1 Zimmerische Chronik (ZiChr), hrg. von Karl Barack. (Die wörtlichen Zitate sind dieser Ausgabe entnommen.)
2 ZiChr IV, S. 617 (Register), unter Johannes Werner d.Ä.
3 F. Hegi, Die geächteten Räte des Erzherzogs Sigmund von Österreich.
4 ZiChr I, S. 422ff.
5 ZiChr I, S. 460ff.; F. Fabri, Pilgerreise ins Heilige Land, S. 50ff.
6 ZiChr I, S. 537ff.
7 ZiChr I, S. 571ff.
8 StaatsAZ A 196.3, 15 Nr. 1; vgl. Anhang, S. 189f.
9 ZiChr I, S. 441f.
10 ZiChr I, S. 500
11 ZiChr I, S. 542ff.
12 ZiChr II, S. 570f.

Katharina im Fraumünster

1 ZiChr I, S. 559f. «Diser von Bonstetten ist ain geschickter, frommer prelat gewest, den die kaiserlich Majestat und gemaine Aidtgnossen vast gebraucht und mermals potschaftweis zum könig in Frankreich geschickt, und ist auch nit die wenigist ursach, das herr Johanns Wörnher in Aidtgnossen sich nidergelassen.» Ebd., S. 560.
2 G. v. Wyss, Geschichte der Abtei, Beilage Nr. 488, S. 457.
3 In den Ausgabenkonten für das Jahr 1492 erscheinen die Fräulein von Zimmern noch nicht, doch ist ein Geschenk an ihre Mutter Frau von Zimmern erwähnt: StadtAZ B III 226 zum Jahr 1494.
4 Ebd.
5 Chr. Köppel, Fraumünsterabtei, S. 100.
6 Vgl. G. Meyer v. Knonau, Aus mittleren und neueren Jahrhunderten, S. 130f.
7 G. v. Wyss, Geschichte der Abtei, Beilage Nr. 489, S. 459–462.
8 Ebd., Nr. 490, S. 462f.
9 ZiChr II, S. 107.
10 Vgl. Anhang S. 189f.
11 G. v. Wyss, Geschichte der Abtei, Beilage Nr. 491, S. 463.
12 Vgl. A. Lutz, Die Zürcher Jagd. Eine Geschichte des Jagdwesens im Kanton Zürich, Zürich 1963, S. 98f.

13 A. Meyer, Zürich und Rom, und G. Dörner, Kirche, Klerus und kirchliches Leben.
14 Martin Bucer erwähnt die Dame in einem Brief an Zwingli: ZCR VIII, Brief Nr. 482, S. 598.
15 Thomas Platter, Lebenserinnerungen, S. 59.
16 Vgl. A. Halter, Kloster Oetenbach, S. 120ff.
17 Vgl. R. Abegg/Chr. Barraud Wiener, unten S. 100–114.
18 In den Abrechnungen erscheinen zweimal die Kosten für einen neuen Sattel.
19 Vgl. u.a. A. Meyer, Zürich und Rom, passim.
20 B. Wyss, Chronik, S. 68.
21 ZiChr II, S. 374.
22 Vgl. M. Bless-Grabher, Veränderungen im kirchlichen Bereich, S. 438ff.
23 G. Dörner, Kirche, Klerus und kirchliches Leben, S. 197ff.
24 Vgl. die Register der Edition durch F. Hegi.
25 Chr. Dietrich, Bauernunruhen, S. 88ff.
26 ZiChr II, S. 374f.
27 Zum Reislaufunternehmer Eberhard von Reischach vgl. H. Romer, Herrschaft, Reislauf und Verbotspolitik, S. 47–57.
28 Joh. Stumpf, Schweizer- und Reformationschronik I, S. 152.
29 Ebd., S. 153. – Neuerdings wieder gefundene Briefe von Berner und Luzerner Korrespondenten an Reischach belegen seine wichtige Rolle in dieser Angelegenheit: vgl. S. Teuscher, Bekannte – Klienten – Verwandte, S. 156ff.
30 Joh. Stumpf, Schweizer- und Reformationschronik I, S. 157.
31 Ebd., S. 243.
32 Thomas Platter, Lebenserinnerungen, S. 60ff.
33 Oswald Myconius, Vom Leben und Sterben Huldrych Zwinglis.
34 Vgl. B. Konrad, Die Wandgemälde im Festsaal des St. Georgen-Klosters zu Stein am Rhein (Schaffhauser Beiträge zur Geschichte 69), Thayngen 1992.
35 Vgl. P. Jezler, Der spätgotische Kirchenbau in der Zürcher Landschaft.
36 Vgl. R. Abegg/Chr. Barraud, unten S. 111ff. sowie Chr. Christ-v. Wedel, unten S. 140ff.
37 Die Widmung «Myner gnedigen frauwen Ebtissin zum frauwen Münster zu Zürich» steht in der Schrift Ad d. Pauli Ricii Israelitae de anima coeli examina Ioan. Eckii, artium, juris et theologiae doctoris, amica responsio. Vgl. E. Egli, Zwei Dedikationen, in: Zwingliana II/3, 1906, S. 90f.
38 A. Halter, Kloster Oetenbach, S. 152ff.
39 StadtAZ A 119 [20.8.1524 und 19.9.1524].
40 Vgl. E. Rübel und Chr. Christ-v.Wedel unten, S. 119ff., 159ff..
41 Gerold Edlibach, Aufzeichnungen über die Zürcher Reformation 1520–1526, S. 61.
42 B. Wyss, Chronik, S. 57, 68f.
43 Joh. Stumpf, Schweizer- und Reformationschronik I, S. 200.

44 StadtAZ III B 961.: 6. Vgl. Anhang, S. 193f..
45 Vgl. R. Günter, unten, S. 94f.

Ein Leben als Bürgerin

1 Chr. F. Stälin, Wirtenbergische Geschichte IV, S. 40.
2 EA III 2, S. 1139; StaatsAZ Missiven II, Mandat Freitag vor der Pfaffenfasnacht (4. März).
3 A. Feyler, Haus Württemberg, S. 110.
4 EA III 2, S. 1149, Nr. 775 t, Zürich 1519, 1. April.
5 J. Schneider, Zürichs Rindermarkt und Neumarkt, S. 146f.
6 StaatsAZ, Ratsurkunden II 358b.
7 G. Meyer v. Knonau, Aus mittleren und neueren Jahrhunderten, S. 136.
8 Johannes v. Müller, Geschichten Schweizerischer Eidgenossenschaft III, S. 222.
9 ZiChr II, S. 406.
10 ZCR IX, Nr. 585, S. 41f.
11 B. Wyss, Chronik, S. 68f.
12 J. J. Hottinger, Historia der Reformation, Zürich 1708, S. 207.
13 ZCR VIII, Nr. 360, S. 295.
14 E. Egli, Actensammlung Nr. 991, S. 469.
15 J. J. Hottinger, wie Anm. 12.
16 Vgl. Briefwechsel mit Zwingli, ZCR IX–XI.
17 P. Vogelsanger, Fraumünster, S. 267ff.
18 G. v. Wyss, Geschichte der Abtei, Beilage Nr. 502, S. 472.
19 P. Vogelsanger, Fraumünster, S. 270ff.
20 StadtAZ III B 301.
21 Chr. Köppel, Fraumünsterabtei, S. 352ff.
22 StaatsAZ, Eintrag in die Ratsmissiven, B IV 17,˙fol. 153r.
23 ZiChr II, S. 108.
24 A. Feyler, Haus Württemberg, S. 316ff., 328f.
25 ZiChr I, S. 572.
26 ZCR IX, Nr. 583, S. 37.
27 Ebd., Nr. 585, S. 42.
28 ZCR X, Nr. 923, S. 335.
29 V. Anshelm, Berner Chronik VI, S. 95f.
30 ZiChr II, S. 108f.; StaatsAZ A 196.4.
31 Ebd., S. 109.

Aufbau und Ausstattung der Fraumünsterabtei unter Äbtissin Katharina von Zimmern (1496–1524)

1 J. Zemp, Baugeschichte, und E. Vogt, Zur Baugeschichte des Fraumünsters. Eine Neubearbeitung der Baugeschichte und Ausstattung durch

die Autorinnen ist in Vorbereitung im Rahmen der Reihe «Die Kunstdenkmäler der Schweiz»: Kdm Zch II (Neue Ausgabe).
2 Erst 1713/14 wurde das Mittelschiff erhöht und mit Kreuzgewölben aus Holz ausgestattet. Die bestehenden Kreuzrippengewölbe in Stein gehen auf die Restaurierung der Kirche 1911/12 durch Gustav Gull zurück.
3 J. Zemp, Baugeschichte, S. 136.
4 Kern der kleinen Fraumünsterpfarrei bildete der Kreis der Dienstleute der Abtei, die in unmittelbarer Nähe, meist am Münsterhof wohnten. S. Vögelin, Das alte Zürich, S. 548; Meier/Sablonier in: J. Schneider/ D. Gutscher, Münsterhof, S. 26f.
5 Nach Friedrich Jakob, Der Orgelbau im Kanton Zürich. Von seinen Anfängen bis zur Mitte des 19. Jahrhunderts I, Bern/Stuttgart 1971, S. 46. Die erste bekannte zweimanualige Orgel auf Zürcher Boden.
6 Vgl. dazu v.a. J. R. Rahn, Fraumünster, MAGZ 25, Hefte 1 und 2; J. Zemp, Baugeschichte.
7 Nach S. Vögelin, Das alte Zürich, S. 542, wird die «curia» 1415, 1417 und 1429 anlässlich wichtiger Beschlussfassungen genannt. Vgl. G. v. Wyss, Geschichte der Abtei, Beilagen Nr. 458, 460, 467.
8 Der Begriff «hüser» bezeichnet Wohneinheiten, die sich auch übereinander befinden können. Vgl. StadtAZ III B 247 (1511): «oberhus». Zur Lage: S. Vögelin, ebd., S. 540; J. R. Rahn, Fraumünster, Heft 2, S. 59, und Heft 3, S. 72.
9 Vgl. z.B. StadtAZ III B 240 (1504); III B 256 (1514); III B 268 (1518).
10 Vgl. B. Helbling, oben, S. 44–46.
11 StadtAZ, III B 223 (1484); spätere Belege: StadtAZ, III B 256 (1514); III B 280 (1522).
12 StadtAZ III B 233 (1500); StadtAZ III B 236 (1501).
13 Vgl. z.B. Adolf Reinle, Die Ausstattung deutscher Kirchen im Mittelalter, Darmstadt 1988, S. 219ff.
14 UBZ I, Nr. 324 (1170); UBZ IV, Nr. 1442 (1270).
15 UBZ XI, Nr. 4042.
16 A. Nüscheler, Die Gotteshäuser der Schweiz, S. 369.
17 Hier nach L. Birchler, Fraumünsterchor.
18 Ebd.
19 StadtAZ III B 259 (1515), fol. 14. Vgl. J. Zemp, Baugeschichte, S. 172.
20 Maria war neben den Heiligen Felix und Regula die Hauptpatronin der Abteikirche. Um 1326 wird die Kapelle als «capella nostri monasterii» schlechthin bezeichnet: G. v. Wyss, Geschichte der Abtei, Beilage Nr. 410, S. 369.
21 J. Zemp, Baugeschichte, S. 172; Walter Hugelshofer, Das Werk des Zürcher Malers Hans Leu, in: ASA, N.F. 26, 1924, S. 143; ders. in: ASA, N.F. 30, 1928, S. 52.
22 L. Birchler, Fraumünsterchor.
23 In Leus um 1513/14 entstandenen graphischen Blättern und Scheibenrissen finden sich keine vergleichbar modernen Architekturdarstellun-

gen. Vgl. Walter Hugelshofer, Das Werk des Zürcher Malers Hans Leu, in: ASA, N. F. 25, 1923, S. 165ff.
24 StadtAZ III B 228 (1497); III B 230 (1498); III B 232 (1499); III B 233 (1500); III B 236 (1501). Ohne Nachweis vermuteten S. Vögelin und A. Nüscheler, Das alte Zürich, S. 551, ein neues Früchtehaus; J. R. Rahn, Fraumünster I, S. 22f. und Fraumünster III, S. 72, dagegen den durch die Reformbestimmungen der 1470er Jahre geforderten Gemeinschaftstrakt im Südflügel, und P. Vogelsanger, Fraumünster, S. 257, Anm. 19, einen Bau über dem Westflügel des Kreuzgangs, der die einzelnen Wohnungen der Stiftsdamen in einem einzigen Gebäude zusammenfasste und nach aussen klausurierte.
25 StadtAZ III B 276 (1521): «usgen und verbuwen an der schøl». Nach S. Vögelin, ebd., S. 499 und 541, galt diese Investition noch dem Schulgebäude auf dem Münsterhof.
26 J. Schneider/D. Gutscher, Münsterhof; Martin Illi, Wohin die Toten gingen. Begräbnis und Kirchhof in der vorindustriellen Stadt, Zürich 1992, S. 44.
27 Zu den erwähnten Bauten vgl. Kdm Zch I (Neue Ausgabe) (erscheint Herbst 1999).
28 Erwähnungen des «werchhuß» in: StadtAZ III B 220 (1480).
29 StaatsAZ A 49.1, Nr. 19 (1501); StadtAZ III B 228 (1497); III B 240 (1504); III B 241 (1506); III B 242 (1507). Vgl. François Guex, Bruchstein, Kalk und Subventionen. Das Zürcher Baumeisterbuch als Quelle zum Bauwesen des 16. Jahrhunderts, MAGZ 53, Zürich 1986, S. 28ff., 72.
30 StadtAZ III B 242 (1507).
31 Vgl. dazu Heinrich Schwarz/Volker Plagemann, Eule, in: Reallexikon zur deutschen Kunstgeschichte VI, 1973, Spalte 267–322. Am Beispiel des Motivs in den Flachschnitzereien an der Kirchendecke von Maur ZH auch P. Jezler, Tierdarstellungen, S. 372.
32 Vgl. P. Jezler, ebd., S. 374f.
33 Die kunstwissenschaftliche Entdeckung der Flachschnitzereien ist das Verdienst von Johann Rudolf Rahn, der umfangreiches Material in zwei Publikationen 1898 vorgestellt hat: J. R. Rahn, Flachschnitzereien und ders., Verzeichnis der Inschriften auf Flachschnitzereien. Zu den Kirchendecken im Kanton Zürich vgl. P. Jezler, Der spätgotische Kirchenbau, S. 98-106 und ders., Tierdarstellungen. Von 1521 datiert die geschnitzte Vertäfelung aus zwei Gemächern des Dominikanerinnenklosters Oetenbach in Zürich (heute eingebaut im Schweizerischen Landesmuseum, Raum 25). Vgl. dazu J. R. Rahn, Flachschnitzereien, S. 186f., 192.
34 P. Jezler, Tierdarstellungen.
35 P. Jezler, ebd., S. 379.
36 StadtAZ III B 242 (1507). In den Rechnungen 1517 (StadtAZ III B 265) erscheint «meister Hanns Jniger» nochmals, aber ohne nähere

Bezeichnung der ausgeführten Arbeiten. Der aus Landshut stammende Tischmacher erhielt 1484 das Zürcher Bürgerrecht. Vgl. G. Kuhn, Hans Ininger von Landshut. Ein zürcherischer Kunsthandwerker des 15./16. Jahrhunderts, in: ASA, N. F. 35, 1933, S. 77.
37 So auch Hans Martin Gubler, Kdm Zch III, 1978, S. 633, Anm. 64.
38 Vgl. unten, S. 142ff. Wiedergegeben und teilweise abgebildet bei J. R. Rahn, Flachsschnitzereien, Abb. 51-53, 66-68; J. R. Rahn, Inschriften, S. 128. Die Friese sind zum Teil eingebaut im Schweizerischen Landesmuseum, Raum 19 (vor Raum 17 bzw. 18).
39 StadtAZ III B 268 (1518): «usgen von der mæssgloggen»; erwähnt 1467: StadtAZ III B 202 (1467). Vgl. S. Vögelin, Das alte Zürich, S. 533.
40 S. Vögelin, ebd., S. 533, Anm. 14; S. Vögelin, Glockenbuch; ZBZ, E 14, fol. 209ff. Eine andere Lesung der Inschrift gibt Antonius Werdmüller, Memorabilia Tigurina oder Merkwürdigkeiten der Stadt und Landschaft Zürich, Zürich 1780, S. 223: «Semper ero fidei Testis numinaq. fidens», der auch die Reliefs beschreibt: «Worauf ein Mannskopf gegossen. Darunter stehet St. Felix; auf der anderen Seiten ein Weiberkopf, darunter St. Regula». Die Stifterinneninschrift führt Werdmüller nicht an. Zu den Inschriften vgl. Chr. Christ-von Wedel, unten, S. 137f.
41 Moritz Sutermeister, Die Glocken von Zürich. Die Glockengiesser, Glocken und Giessstätten im alten und neuen Zürich, Zürich 1898, S. 41f.
42 SLM, Dep. 402. G. v. Wyss, Geschichte der Abtei, Siegeltafel II, Nr. 20; Cécile Ramer, Felix, Regula und Exuperantius. Ikonographie der Stifts- und Stadtheiligen Zürichs, MAGZ 47, Zürich 1973, Kat.nr. 145; Margot Seidenberg, Sigillum Sanctorum Felicis et Regule. Die Stadtheiligen als Siegelmotiv, in: Die Zürcher Stadtheiligen Felix und Regula, hrsg. von Hansueli F. Etter/Urs Bauer/Jürg Hanser/Jürg E. Schneider, Zürich 1988, S. 67 und Abb. 31.
43 Vgl. dazu Jenny Schneider, Lux Zeiner – Bahnbrecher der Wappenscheibenkunst, in: Turicum. Vierteljahresschrift für Kultur, Wissenschaft und Wirtschaft, Winter 1988, S. 10-16; Hermann Meyer, Die schweizerische Sitte der Fenster- und Wappenschenkungen vom 15. bis 18. Jahrhundert, Frauenfeld 1884.
44 StadtAZ III B 237 (1502).
45 Hans Lehmann, Lukas Zeiner und die spätgotische Glasmalerei in Zürich, MAGZ 30, Zürich 1926, S. 22.
46 Ebd., S. 54; Friedrich Hegi-Naef, Glasgemälde und Wappen zürcherischer Gemeinden, in: ZTB, N. F. 44, 1924, S. 221–244; Cécile Ramer, ebd., Kat.nr. 151. 1509 werden Lux Zeiner Kernen, Haber, Wein und 25 Pfund ausbezahlt, die sich aufgrund des Betrags auf diese Scheibe beziehen könnten: StadtAZ III B 243 (1509).

Die Übergabe des Stifts an die Stadt – rechtlich gesehen

1 StadtAZ III. B. 961/ I.A. 501 und 502; vgl. Anhang, S: 195f.
2 Vgl. Chr. Christ-v. Wedel, unten, Anm. 106.
3 Art. 88 Abs. 1 ZGB.
4 R. Hauswirth, Zur Realität des Reiches, S. 155.
5 D. W. H. Schwarz, Münz- und Geldgeschichte Zürichs im Mittelalter, Aarau 1940; ders., Münzgeschichte Zürichs.
6 O. Farner, Huldrych Zwingli I, S. 160.
7 K. Hörger, Reichsrechtliche Stellung der Fürstäbtissinnen, S. 200.
8 UBZ I, Nr. 366, S. 246.
9 Jakob Wipf, Michael Eggensdorfer. Der letzte Abt des Klosters Allerheiligen und die Anfänge der Reformation in Schaffhausen, in: Zwingliana 1922, Nr. 2, S. 97ff. und 1923, Nr. 1, S. 129ff.
10 M. Haas, Huldrych Zwingli, S. 139.
11 O. Farner, Huldrych Zwingli III, S. 524.
12 Näheres bei E. Rübel, Die Aufhebung der Klöster im Kanton Zürich und die Verwendung ihrer Güter, in: ZTB 1999, S. 51.
13 D. W. H. Schwarz, Münzgeschichte Zürichs, S. 56.
14 G. v. Wyss, Geschichte der Abtei, Beilage Nr. 496, S. 467.
15 Ebd., Nr. 498, S. 469f.
16 K. Hörger, Reichsrechtliche Stellung der Fürstäbtissinnen, S. 269.
17 Art. 246 OR.
18 H. Bullinger, Reformationsgeschichte I, S. 125.

«Digna Dei gratia ciarissima anachorita»

1 In zahlreichen Gesprächen habe ich Anregungen und Hinweise erhalten, ohne die diese Arbeit nicht das geworden wäre, was sie heute ist. Meine Gesprächspartner waren vor allen Barbara Helbling, dann Marianne Haubold, Annemarie Kaufmann, Magdalen Bless, Edeltraud und Harm Klueting, Wolfram Schneider-Lastin, Alfred Schindler und mein Ehemann. Ihnen allen habe ich zu danken. Besonderer Dank gebührt darüberhinaus Herrn Peter Erni, von dessen Hilfe ich im Umgang mit Archivbeständen viel gelernt habe.
2 Glockenbuch, Mscr. J 432.
3 A. Nüscheler-Usteri, Ueber die älteren Glockeninschriften in den V Orten, in: Der Geschichtsfreund. Mitteilungen des historischen Vereins der fünf Orte 30, Einsiedeln 1875, S. 159. Auch im Deutschen Glockenatlas, Württemberg und Hohenzollern, haben wir keine einzige entsprechende Inschrift gefunden.
4 Die Abschrift – die Glocke selber ist nicht mehr vorhanden – bietet Schwierigkeiten: Die Femininform von «dies» scheint in diesem Zusammenhang verdächtig, ebenso der Fall. Wir müssen Dativ oder Genitiv lesen. G. v. Wyss, Geschichte der Abtei, liest darum «die» statt

«diei». Aber auch das überzeugt nicht. Auf sacr(a)e muss diei folgen. Ausserdem ist das Versmass ohne die weitere Silbe unvollständig. Werdmüllers Abschrift des Glockenspruches (vgl. R. Abegg/Chr. Barraud Wiener, oben, S. 116, Anm. 40) verdient überhaupt kein Vertrauen. Werdmüller liest «numinaq. fidens» statt «nunciaque fidelis». Nicht nur der Plural «numina» scheint hier fragwürdig, zudem wird fidere auch noch mit Akkusativ konstruiert, und der Text ergibt keinen annehmbaren Sinn.
5 Glockenbuch, S. 153, Nr. 1a; S. 172, Nr. 3a; S. 183, Nr. 1a.
6 Deutscher Glockenatlas, S. 15ff., bes. S. 17.
7 Die Benediktusregel, hrg. von B. Steidle, Beuron 1975, S. 60f. (C. 1).
8 G. v. Wyss, Geschichte der Abtei, S. 111.
9 R. Abegg/Chr. Barraud Wiener, oben S. 110ff.
10 H. Jucker, Das Bildnis im Blütenkelch, S. 192.
11 E. Panofsky, Studien zur Ikonologie, S. 153ff.
12 SLM 23722; SLM 4632 und Dep. 12 der Gottfried Keller-Stiftung.
13 Das glauben wir für die wenige Jahre zuvor entstandenen Aposteldarstellungen im Credozyklus in der Pfarrkirche von Wiesendangen in Betracht ziehen zu müssen (Abbildungen in: Kdm Zch VIII, S. 307, 309). Bei der bekannten humanistischen Bildung des Auftraggebers, Bischof Hugo von Hohenlandenberg, und seinen Verbindungen zu Rom ist allerdings nicht auszuschliessen, dass ihm die spätere römische Bedeutung des Blütenkelches unter Porträtbüsten, wie sie auf der in der Renaissance bekannten Sarkophagen anzutreffen ist, geläufig war. Da weisen die Bütenkelche im weitesten Sinn auf ein Leben nach dem Tode (Vgl. H. Jucker, Das Bildnis im Blütenkelch, S. 216). Eine solche Bedeutung würde das immer noch lebendige Glaubenszeugnis der Apostel unterstreichen.
14 Vgl. Lexikon der christlichen Ikonographie VII, S. 247.
15 Vgl. Physiologus. Tiere und ihre Symbolik, hrg. von O. Seel, Zürich 1987, S. 11f.; R. Abegg/Chr. Barraud Wiener, oben, S. 110.
16 Diese befinden sich heute im Schweizerischen Landesmuseum. Abbildungen bei: J. R. Rahn, Flachschnitzereien, S. 192, 196, 206.
17 Die Narrenthematik und die Sprüche der Malereien im Oberhof in Diessenhofen, die seit Rahn in der Literatur mit Katharina und ihrem Ehemann Eberhard von Reischach in Verbindung gebracht worden sind (vgl. A. Raimann, Kdm TG V, Der Bezirk Diessenhofen, S. 132), würden sehr gut zu solcher Ironie passen. Wir konnten indessen in den Archivbeständen von Diessenhofen und Frauenfeld nicht verifizieren, dass das Ehepaar Reischach-Zimmern tatsächlich im Oberhof gewohnt hat, geschweige denn die Ausmalung in Auftrag gab. Herrn A. Raimann und Herrn P. Erni danke ich für ihre Hilfe bei den Recherchen.
18 Henrici Cornelii Agrippae, Opera posterior, Leyden 1589, S. 505ff., bes. 507.
19 Vgl. H. Holeczek, Erasmus Deutsch, Stuttgart 1983, bes. S. 22.

20 LB V, c. 1244 D. Vgl. Platon, Timaios, 69 d.
21 Ebd. 1245 C.
22 Aristoteles, de animalium generationes, II, 3.
23 Vgl. Thomas , Summa theologica, t. I, q. 92, a. 1-4 und t. I, q. 93. a. 4.
24 Vgl. J. Delumeau, Angst im Abendland II, Hamburg 1985, S. 470.
25 ZCR III, S. 762, Z. 15f.
26 Brief vom 4. Juli 1524: ZCR VIII, S. 203, Z. 14.
27 ZCR II, S. 276 (Zwingli Schriften (dt.) II, S. 324). Das war keine vereinzelte Entgleisung: Vgl. z.b. die nachgeschriebenen Annotationes in Evanglii Matthaei, cap. 14. Hier wird Zwingli besonders deutlich. Leider nur in der Ausgabe greifbar: Zwingli Werke VI, S. 308f. Vgl. auch ZCR I, S. 183 (Zwingli Schriften (dt.) I, S. 96); ZCR II, S. 543, Z. 33f. (Zwingli Schriften (dt.) I, S. 231); ZCR VI, 3, S. 122, Z. 9f; (Zwingli Schriften (dt.) IV, S. 183).
28 Bullinger, Briefwechsel I, S. 171, Z. 6 und S. 158, Z. 8.
29 Ingetraut Ludolphy hat sie in ihrem lesenswerten Aufsatz: Die Frau in der Sicht Martin Luthers auf S. 210f. zusammengestellt.
30 LB V, c. 701 E.
31 ASD I-5, S. 392, Z. 115f.
32 Ebd. S. 398, Z. 190f.
33 Vgl. ebd. das Vorwort von J. C. Margolin, S. 356.
34 Ebd., S. 394, Z. 121.
35 Vgl. für Luther: WA, Bd. 10,II, S. 276, Z. 9-31; S. 277, Z. 1f. S.278, Z. 1f. S. 279, Z. 15f. für Bullinger, Briefwechsel, S. 138, Z. 24f. S. 162, Z. 3f. für Zwingli: ZCR II, S. 263f. bes. 267f. (Schriften (dt.) II; S. 308ff., bes. 314).
36 Erasmus, Ausgew. Werke, S. 67, Z. 23–25.
37 ASD IV-3; S. 188, Z. 106f. Vgl. Chr. Christ-v.Wedel, Das ‹Lob der Torheit› des Erasmus von Rotterdam im Spiegel der spätmittelalterlichen Narrenbilder und die Einheit des Werkes, in: Archiv für Reformationsgeschichte 78 (1987), S. 28ff.
38 LB I, c. 770 Df.
39 Ebd. Zur Entwicklung des Menschenbildes bei Erasmus vgl. Chr. Christ-v. Wedel, Das Nichtwissen bei Erasmus von Rotterdam, Basel 1981, S. 53f. 69f. 85f. und 122f.
40 LB V, c. 691 A; c. 712 C und 729 B; Vgl. Paraclesis in: Erasmus, Ausgew. Werke, S. 141f.
41 Vgl. LB V, c. 691 A; c. 716 C f. und c. 720 C; c. 729 C f.; c. 663 B ff. und 661 B. Dass Erasmus sich nicht ausdrücklich zur Mädchenerziehung geäussert habe, wie jüngst wieder behauptet, ist ein Fehlurteil. (So zuletzt: Katharina Fietze, Frauenbildungskonzepte im Renaissance-Humanismus, in: Geschichte der Mädchen- und Frauenbildung I, S. 125.) Erasmus redet in den angegebenen Stellen ausdrücklich über Mädchenerziehung. Und wenn er von der ‹institutio pueri› spricht, heisst das nicht, dass Mädchen ausgeschlossen wären. In der Eheschrift

dürften sie mit wenigen deutlichen Ausnahmen mitgemeint sein. Denn im 16. Jahrhundert ist ‹puer› durchaus nicht immer geschlechtsspezifisch zu verstehen, jedenfalls gibt der zeitgenössische Übersetzer Herold es oft unspezifisch mit ‹kindt› wieder. (Vgl. Christlicher Ee Institution oder Anweisung durch D. Eras. Von Roterdam in Latein beschrieben. Nachmals verdolmetscht und ins Teutsch bracht durch Joannem Herold, Strassburg 1542, S. CLXXIIff.)
42 LB V, c. 713 B ff., bes. 716 A; zur sozialen Frage bei Erasmus vgl. J.-C. Margolin, Erasme et le problème social, in: Rinascimento XXIII (1973), S. 85 – 112.
43 Vgl. S. Westphal, Reformation und Bildungskonzepte für Mädchen und Frauen – Theorie und Praxis, in: Geschichte der Mädchen- und Frauenbildung I, S. 138.
44 Vgl. U. Ernst, Geschichte des zürcherischen Schulwesens, Winterthur 1879, S. 50; Zwingli Werke, VI, S. 308, Z. 16f.
45 Vgl. oben, S. 142.
46 Vgl. Luthers ‹de votis monasticis›, WA 8, S. 577ff.
47 Zwingli Schriften (dt.) I, S. 191 und S. 295 (ZCR II, S. 502 und III, S. 52).
48 Erbitterte Klosterpolemik findet sich bei den Reformatoren auf Schritt und Tritt, wir beschränken uns auf ein typisches Zitat bei Luther: WA 10,II, S, 297, Z. 27ff.
49 Die Denkwürdigkeiten der Claritas Pirckheimer, S. 131f. Vgl. auch die allerdings erst in den Jahren 1545/46 verfasste positive Würdigung des Klosterlebens in Vadians Äbtechronik (Joachim von Watt, Deutsche historische Schriften I, hrg. von E. Götzinger. St. Gallen 1875, u.a. S. 6ff.).
50 Erasmus, Ausgew. Schriften III, S. 333.
51 ASD I-3, S. 297, Z. 269f.; LB V, c. 1262 C f; Vgl. E. Schneider, Das Bild der Frau im Werk des Erasmus von Rotterdam, Basel 1955, S. 56f.
52 LB V, c. 595 A.
53 LB VI, c. 855 B, an. 37; zu Luther: WA 6, S. 550f., zu Zwingli: ZCR III, S. 762 (Zwingli Schriften (dt.) III, S. 235f.).
54 LB, V, c. 620 Cff. Vgl. dazu Chr. Christ-v. Wedel, Stellung der Frau, S. 133ff.
55 ASD V-1, S. 105, Z. 294f.
56 MCR 23, c. XCVIII.
57 LB V, c. 620 E und c. 651 D.
58 ZCR IV, S. 187; vgl. W. Köhler, Zürcher Ehegericht und Genfer Konsistorium, Leipzig 1932.
59 LB V, c. 682 D; c. 668 D f; vgl. Plutarch, moralia II, 24.
60 LB V, S. 630 C.
61 LB V, c. 617 C.
62 Vgl. Bullinger, Briefwechsel I, S. 127, Z. 10; für Luther: WA 10, II, S. 275ff., bes. S. 294. Vgl. G. Schaffenorth, Den Glauben ins Leben

ziehen. Studien zu Luthers Theologie, München 1982, S. 143f. Zu Melanchthon: MCR 26, c. 21.
63 Bullinger, Briefwechsel I, S. 130, Z. 8f.
64 Für Bullinger: ebd. S. 163, Z. 20f., für Zwingli: ZCR II, S. 267, Z. 17 (Zwingli Schriften (dt.) II, S. 313); für Melanchthon: MCR 23, c. XCVII, zu Luther: WA 10,II, S. 295, Z. 16f.
65 Für Luther: ebd. S. 295, 25f.; für Bullinger: Briefwechsel I, S. 169, Z. 1.
66 WA 10,II, S. 294, Z. 25.
67 Ebd., S. 299. (Vgl. Chr. Christ-v.Wedel, Stellung der Frau, S. 139.) Bullinger, Briefwechsel I, S. 130, Z. 7ff.
68 Vgl. z. B. LB V, c. 673 E ff. oder ASD I-3, S. 301ff.
69 LB V, c. 703 Eff.
70 LB V, c. 677 C.
71 LB V, c. 701 D ff.; bes. 702 B und 703 Cf.
72 ASD I-3, S. 407, Z. 157f.
73 LB V, c. 737 Fff. Vgl. die vielen Judithdarstellungen in der Renaissancemalerei.
74 Ebd., c. 686 E/F.
75 Vgl. A. Zimmerli-Witschi, Frauen in der Reformationszeit, S. 127f.
76 Chronik des Fridolin Ryff 1514 – 1541, in: Basler Chroniken I, hrg. von Wilhelm Vischer u.a., Leipzig 1872, S. 34.
77 Nach A. Zimmerli-Witschi, Frauen in der Reformationszeit, S. 37.
78 Die Klosterfrauen in St. Catharinenthal, S. 10.
79 A. Zimmerli-Witschi, Frauen in der Reformationszeit, S. 127.
80 S. Westphal, Reformatorische Bildungskonzepte für Mädchen und Frauen – Theorie und Praxis, in: Geschichte der Mädchen- und Frauenbildung I, S. 141f., dürfte den Erfolg der familiären Einschüchterungsversuche zu hoch bewerten. Vgl. dagegen M. Heinsius, Das unüberwindliche Wort. Frauen der Reformationszeit, München 1951, S. 151ff., bes. S. 158.
81 A. Zimmerli-Witschi, Frauen in der Reformationszeit, S. 133f.
82 S. Westphal, ebd., S. 171.
83 Vgl. E. A. McKee, Katharina Schütz Zell I, bes. S. 93, 123.
84 ZCR II, S. 543f. (Zwingli Schriften (dt.) I, S. 231).
85 WA, Briefwechsel III, S. 247, Z. 25f.; V, S. 347, 351.
86 Ursula von Münsterberg, Christliche ursach; zu Florentina: WA 15, S. 86f.
87 Die Klosterfrauen in St. Cathrinenthal, S. 22f.
88 M. Beer, Private Briefe als Quelle für die Eheschliessung, S. 81ff.
89 A. Kammeier-Nebel, Frauenbildung im Kaufmannsmilieu spätmittelalterlicher Städte, in: Geschichte der Mädchen- und Frauenbildung I, S. 81f.
90 Wandel der Geschlechterbeziehungen, S. 18, 20.
91 LB V, c. 650 F; Melanchthon hat die umstrittene Warnung gar in seine ‹articuli visitationis› aufgenommen. MCR 26, c. 22.

92 Bullinger, Briefwechsel I, S. 126 (Anm. zu Nr. 24).
93 M. Beer, Private Briefe als Quelle für die Eheschliessung, S. 82.
94 Wandel der Geschlechterbeziehungen, S. 18; G. Dörner, Kirche, Klerus und kirchliches Leben, S. 107f.
95 Für Zürich vgl. G. Dörner, ebd., S. 261.
96 ASD I-3, S. 407, Z. 155f.
97 Vgl. B. Hinz, Holbeins ‹Schola Thomas Mori› von 1527, in: Wandel der Geschlechterbeziehungen, S. 69f.
98 Vgl. Die Denkwürdigkeiten der Claritas Pirckheimer.
99 Vgl. ihre und die auf sie bezogenen Briefe in: Briefwechsel der Brüder Ambrosius und Thomas Blarer, 1509 – 1548, hrg. von Tr. Schiess, Freiburg 1908–1912 und Urte Bejick, Deutsche Humanistinnen, in: Geschichte der Mädchen und Frauenbildung I, S. 161f.
100 StadtAZ I. A. 501. Siehe den Abdruck im Anhang, S. 195f. Vgl. G. v. Wyss, Geschichte der Abtei, Beilage Nr. 497, S. 467f. Weil von Wyss nur die Vorlage vom Vorabend (StadtAZ III. B. 961.: 9) vorlag, datierte er auf den 7. Dezember. Abgesehen von kleineren Auslassungen und von seiner nach heutigen Massstäben überholten Art der Umschrift, ist die Urkunde im Grossen und Ganzen dennoch richtig wiedergegeben. Für den einzigen gravierenden Lesefehler s. u. Anm. 106.
101 Codex Diplomaticus Alemanniae et Burgundiae Transjuranae intra fines diocesis Constantiensis II, hrg. von T. Neugart, St. Blasien, 1795, S. 515f. Der Druck beruht auf einer Abschrift Dürstelers. Das Georg von Wyss seinerzeit nicht zugängliche Original dieser Erklärung zum Verzicht galt als verschollen, konnte jetzt aber wieder dank freundlicher Hilfe des Personals im Stadtarchiv Zürich gefunden werden, Sig: III. B. 961.: 6. Eine neue Transkription findet sich im Anhang, S. 193f.
102 G. v. Wyss, Geschichte der Abtei, S. 111f.
103 Ebd., Beilage Nr. 496, S. 467.
104 Ratsurkunde: StadtAZ I. A. 502. Vgl. G. v. Wyss, ebd., Beilage Nr. 498, S. 468. Wir zitieren nach dem Original, mit dem der Druck nicht immer übereinstimmt.
105 Übergabeurkunde, Anhang, S. 195, Z. 5–7. Vgl. WA 15, S. 89.
106 Erklärung zum Verzicht, Anhang, S. 194, Z. 38–41. Auch in der Übergabeurkunde betont sie, sie sei Bürgermeister und Rate übergeben worden, «doch nit den herren vom cappittel», vgl. Anhang, S. 195, Z. 3f. G. v. Wyss las fälschlich «mit» statt «nit» (G. v. Wyss, Geschichte der Abtei, Beilage Nr. 497, S. 468).
107 Erklärung zum Verzicht, Anhang, S. 194, Z 31–34.
108 Übergabeurkunde, Anhang, S. 195, Z. 13–15.
109 E. Egli, Actensammlung, Nr. 522, S. 227.
110 Vgl. EA 4/1a, S. 403 und S. 379; B. Helbling, oben, S. 64f. und E. Egli, ebd., Nr. 589, S. 254f.
111 Vgl. A. Halter, Kloster Oetenbach, S. 159.
112 Übergabeurkunde, Anhang, S. 195, Z. 15f.

113 Ratsurkunde, StadtAZ I. A. 502, vgl. G. v. Wyss, Geschichte der Abtei, Beilage Nr. 498, S. 469.
114 H. Bullinger, Reformationsgeschichte I, S. 125. Vgl. E. Rübel, oben, S. 135.
115 Vgl. E. Egli, Actensammlung, Nr. 366, S. 131. Vgl. auch die Distanzierung des Embracher Konventes vom bisherigen Ordensleben vom 19. 9. 1524 (StaatsAZ A 119, 46).
116 E. Egli, Actensammlung, Nr. 475, S. 195.
117 Vgl. Ursula von Münsterberg, Christliche ursach. Der Band hat in der mir zugänglichen Kopie keine Seitenzahlen. Wenn wir vom Vorwort an durchnummerieren, Ursulas Text beginnt dann auf S. 3, stehen unsere Belege: S. 6ff., bes. S. 9f.; S. 14; S. 24; S. 34.
118 Urkundenbuch der Stadt Basel X, bearb. R. Thommen, Basel 1908, S. 107. Vgl. auch die Übergabeurkunden von St. Leonhardt (Feb. 1525) und des Augustinerklosters (Jan 1528) (ebd. S. 24, S. 83), sowie das Schreiben des Konventes von Kappel mit der Bitte, das Klosterleben neu zu ordnen. Auch da wird der bisherige Gottesdienst ausdrücklich abgelehnt. (StaatsAZ C II 4 Nr. 609, S. 3, c. 2).
119 Übergabeurkunde, Anhang, S. 196, Z. 42f.
120 Vgl. E. Rübel, oben, S. 125.
121 Ebd., S. 132–135.
122 Erklärung zum Verzicht, Anhang, S. 193, Z. 15–20.
123 Ebd., S. 194, Z.34–36.
124 So zuletzt bei P. Vogelsanger, Fraumünster, S. 261. Vgl. auch G. Meyer v. Knonau, Aus mittleren und neueren Jahrhunderten, S. 119–139 und E. Rübel, oben, S. 128. Vorsichtiger urteilt G. v. Wyss, Geschichte der Abtei, S. 110f.
125 Übergabeurkunde, Anhang, S. 195, Z. 15f.
126 J. u. W. Grimm, Deutsches Wörterbuch IV, Leipzig 1911, Sp. 6234.
127 F. Krüger, Artikel ‹Gewissen›. In TRE 13, Berlin 1984, S. 222.
128 Vgl. J. Stelzenberger, Gewissen, bes. S. 90.
129 Vgl. W. Loew in seinem Artikel ‹Beichte. In: RGG I, 1957, Sp. 970 und ZCR III, S. 820f., bes. S. 822 (Zwingli, Schriften (dt.), III, S. 322f., bes. S. 325). Zwingli denkt hier im Jahre 1525 freilich nur noch am Rande auch an eine formelle Beichte. Luther dagegen hat den Gebrauch der formellen Beichte immer wieder eingeschärft, und die Confessio Augustana will sie nicht fallen lassen und hält ausdrücklich fest, gute Werke seien die Frucht der Busse. (Die Bekenntnisschriften der evangelisch-lutherischen Kirche, Göttingen (4) 1959, S. 725ff. und 66f.).
130 Übergabeurkunde, Anhang, S. 195, Z. 17f.
131 Nach O. Dierse, Artikel ‹Ordnung› im Historischen Wörterbuch der Philosophie VI, Stuttgart 1984, c. 1280ff. Vgl. Erasmus LB, IX, c. 1198 B; L. B. Alberti, Über das Hauswesen, Zürich 1962, S. 309 – 311.
132 WA 44, S. 435; Z. 28 und 37, S. 443ff. Vgl. oben Anm. 53 und 62.
133 Vgl. ZCR II, S. 269, Z. 33ff. (Zwingli, Schriften (dt.) II, S. 316ff.) und

ZCR II, S. 275, Z. 13f. (Zwingli, Schriften (dt.) II, S. 323).
134 Anhang, S. 195, Z. I, und S. 193, Z. 13.
135 Für den spätmittelalterlichen Gebrauch vgl. J. Stelzenberger, Gewissen, S. 100f. Dieses Berufen auf das Gewissen ist unabhängig von der erst entstehenden lutherischen Gewissenstheologie mit seinem «durch den Glauben befreiten Gewissen». Dazu: WA 8, S. 594, Z. 9f. und S. 606, Z. 30f. Katharina im Rückgriff auf Luthers Gewissenstheologie als Vertreterin des «freien evangelischen Gewissens» zu charakterisieren, so P. Vogelsanger, erlaubt unsere Quelle nicht.
136 Die Denkwürdigkeiten der Claritas Pirckheimer, S. 46ff., 60. Ursula von Münsterberg, Christliche ursach, S. 14, 16, 20.
137 Erasmus, Ausgew. Schriften III, S. 184ff., bes. S. 190.
138 Übergabeurkunde, Anhang, S. 195, Z. 14.
139 Jedenfalls traute ihr Johannes Eck gute Lateinkenntnisse zu, denn er hat ihr seine lateinische Schrift: ‹Ad d. Pauli Ricii ... responso› gewidmet. Vgl. E. Egli, Zwei Dedikationen, in: Zwingliana II/3, 1906, S. 90f.
140 ZiChr III, S. 624.
141 «... a Christi partibus ... nobis quicquam negare», ZCR VIII, S. 203, Z. 14f. Schon die Heiratsangelegenheit, um die es dort geht, zeigt, dass die Aebtissin Zwingli durchaus nicht blind vertraute. Überhaupt kann der Umgang nicht allzu vertraut gewesen sein. Denn es werden später keine Grüsse mehr ausgetauscht, auch nicht in den beiden Briefen Eberhards von Reischach an Zwingli (ZCR IX, S. 41f. und X, S. 313).
142 Erasmus, Ausgew. Schriften V, S. 341; LB V, c. 661 F.
143 Das Griechische ‹αναχωρεῖν› heisst auch ‹von etwas zurücktreten›.

Zeittafel

1455 Geburt von Johann Werner von Zimmern, Katharinas Vater
1458 Geburt von Margarethe von Öttingen, Katharinas Mutter
1463 Mutmassliches Geburtsjahr von Eberhard von Reischach, Katharinas späterem Ehemann
1474 Heirat von Johann Werner von Zimmern und Margarethe von Öttingen
1475 Geburt von Anna
1478 Geburt von Katharina
1479/1485 Geburt von vier Söhnen und zwei weiteren Töchtern
1483 Pestzeit, Flucht der Familie auf den Wildenstein
Eberhard von Reischach wird erwähnt als Beteiligter an einem Raufhandel
1488 Über Johann Werner von Zimmern wird die Reichsacht verhängt
Johann Werner flieht in die Schweiz
Die Familie flieht nach Seedorf
Nachzug der Familie zum Vater nach Weesen an den Walensee
1489 Hinrichtung von Bürgermeister Hans Waldmann
1492 Spätester Zeitpunkt für die Aufnahme der Schwestern in die Abtei
1494 Einkleidung und Ordensgelübde von Anna und Katharina
1496 Amtseinsetzung Katharinas zur Äbtissin am 17. Juni
1496 Renovation der Nikolauskapelle
1499 Schwabenkrieg – Erster Dienst Eberhards von Reischach für die Stadt Zürich
1500 Eberhard erhält das Bürgerrecht von Zürich
1500 Renovation des Frauenchors im Fraumünster
1502 Katharina beruft Heinrich Engelhard zum Leutpriester

1503 Heirat Eberhards mit Verena Göldli
1504 Freischiessen von Zürich mit «Glückshafen»
1507 Neubau von Wohn- und Empfangszimmer (heute im Landesmuseum)
1515 Schlacht bei Marignano
1515 Renovation der Marienkapelle
1518 Stiftung der neuen Betzeitglocke
1519 Zwingli wird nach Zürich berufen
1519 Eberhard in Zürich als Söldnerwerber zum Tode verurteilt
1519–1522 Wiedererrichtung der Abteischule, Berufung von Oswald Myconius zum Schulleiter
1523 Erste Zürcher Disputation am 29. Januar
1524 Entfernung der Bilder im Fraumünster Ende Juni
Aufhebung des Klosters Embrach im September
Beschluss zur Übergabe der Abtei an die Stadt am 30. November
Aufhebung der übrigen Zürcher Klöster am 3. Dezember
Übergabe der Abtei am 8. Dezember
1525 Heirat Katharinas mit Eberhard von Reischach zu Beginn des Jahres
Umzug nach Schaffhausen
1527 Umzug nach Diessenhofen
1529 Begnadigung Eberhards und Rückkehr nach Zürich
1531 Tod Eberhards in der Schlacht bei Kappel
1540 Katharina kauft das Haus «zum Mohrenkopf» am Neumarkt
1547 Tod Katharinas am 17. August
1548 Ihre inzwischen verheiratete Tochter Anna verkauft das Haus.

Anhang

Quellen[1]

hrg. von Wolfram Schneider-Lastin

I. Ein Brief des Johann Werner von Zimmern an seine Tochter Katharina

Der Brief ist nicht datiert, dürfte jedoch bald nach dem 31. Januar 1496 geschrieben worden sein.[2] Mit diesem Schreiben, das hier zum ersten Mal abgedruckt wird, antwortet der Vater auf einen Brief seiner Tochter, in dem sie sich beklagte, dass ihre beiden Brüder den von ihr erhobenen Anspruch auf Zahlung einer Leibrente abschlägig beschieden hatten. Werner von Zimmern ist über die Forderung seiner Tochter wenig erfreut und legt ihr dringend nahe, darauf zu verzichten.

Frúntliche, hertzliebe frouw tochter! Der almechtig wöl euch und unnß allen ain gůtz, glücktzhafftz núwß jar verlichen und alleß, daß unnß zů sell und lyb guott sige!

Hertzliebe frouw, ich hab inn euwerm schriben nächst verstanden, wie euch meine sün Göttfrid und Hannß Wernnhernn   5
euer lybting nit gebend, darab, alß ir mainend, ich nit gefallen haben sol. Lauß ich euch wissen, das ich mich deß, daß Hannß Wernhern antrifft, nitt belad. Aber Göttfridtz halber, der haut mich berichtt, wie ir daß lybting ann inn gefordertt haben. Ab dem selben euwerm fordren hab ich nit gefallen, besonder her   10
ich daß von euch größlich unngern, dan ir wissen, daß er söllichß uß kainer andrenn ursach gethon dann uß besonderm brüderlichem hochvertrúwenn, daß er zů euch gehapt haut. Dann er wayst woll und ich ouch, daß ir söllichß nitt so notturfftig seindt als er, angesechenn seine grosse schulden und anderß, daß er   15
verzinsen und sunst bezalen můß. Darumb, wa ir uff euwerm fürnemenn verharrenn wöllen, deß ich mich doch nit versehen

wyll, württ mein sun Göttfridtt euch über euwern willen daß libting nit vorhalten. Ir müßt aber wöl gedencken, waß be-
20 schwärdt und grossen mißfall daß mir brächte, wo ir und er alß die liebstenn kind, so ich hab, inn unfrundtschafft kömenn und durch euch beschäch, daß ir doch alleß woll fürkumenn mügt, so ir selbß wöllenn. Damitt muß ichß gott bevelchen.
W[ernher] F[ryherr] z[u] Zimbern etc.

1 Die Edition der Quellentexte folgt dem originalen Wortlaut; zur besseren Lesbarkeit wurde der Text jedoch behutsam nach heutigen Regeln interpungiert. Ausserdem sind u/v und i/j nach ihrem Lautwert geschieden, diakritische Zeichen ohne lautliche Relevanz weggelassen und die Gross- und Kleinschreibung in der Weise geregelt, dass Eigennamen und Satzanfänge gross, andere Wörter generell klein geschrieben werden.
2 StaatsAZ, A 196.3,15 Nr. 1. Anhaltspunkte für die Datierung dieses an *frow Katharinen etc. Aptissin zu Zürch* adressierten Schreibens sind das Todesdatum der vorgehenden Äbtissin Elisabeth von Wyssenburg (31. 1. 1496), die Neujahrswünsche sowie der Tod des Vaters im 1. Viertel des Jahres 1496 (s. dazu oben den Beitrag von Günter/Helbling, Anm.). Die Mappe ‹Zimmern›, in der sich der Brief befindet, enthält noch sieben weitere Dokumente zwischen 1503 und 1548, die im Zusammenhang mit der Leibrente Katharinas von Zimmern stehen, darunter einen undatierten Brief Katharinas (von 1529?) an den Rat von Zürich.

II. Zwei Dokumente zur Übergabe der Fraumünsterabtei

Mehrere Schriftstücke, die das Ende der Fraumünsterabtei und ihre Übergabe durch Katharina von Zimmern an die Stadt Zürich dokumentieren, sind erhalten. Die beiden wichtigsten Dokumente werden im folgenden unter Beigabe einer neuhochdeutschen Übersetzung ediert: die Verzichtserklärung vor dem Rat vom 30. November 1524 (1.) und die darauf folgende Übergabeurkunde vom 8. Dezember (2.).[1]

Ein Eintrag im Ratsbuch vom 30. November des Jahres 1524 bezeugt, dass an diesem Tag *frow Katerina von Zymbri, äbbtissin zů dem Frowenmünster, minen herren übergeben (hat) all ir fryheit und gerechtikeitt, so sy und ir vordern bißhar an dem gotzhuß, deß lüt und güttern gehept hatt.*[2] Die Umstände und Beweggründe, die Katharina zu diesem Schritt veranlassten, spiegelt das Dokument mit der Verzichts- und Übergabeerklärung, das auf denselben Tag datiert ist.[3] Die genaue Entstehung dieses Schriftstücks ist nicht mehr genau bestimmbar. Offenbar handelt es sich um die schriftliche Fixierung eines Berichts vor Bürgermeister und Rat, der den Verzicht der Äbtissin auf alle Privilegien und Besitzrechte zum Inhalt hatte. Ein von anderer Hand[4] geschriebener Zusatz vermeldet – mit Verweis auf den Eintrag im Ratsbuch – den vollzogenen Rechtsakt, nämlich die Übernahme aller die Abtei betreffenden Machtbefugnisse durch die Stadt. Nachdem Katharina angekündigt hatte, die Übergabe der Abtei *mit brieff und sigeln uffzerichten*, ordnete der Rat am 5. Dezember an, *daß die brieff unverzogenlich gemacht werdent.*[5]

An Mariä Empfängnis *(an unnßer lieben frowen tag, als si empfangen ward)*, also am 8. Dezember 1524 liess Katharina eine Pergamenturkunde ausfertigen, mit der sie die am 30. November gegenüber dem Rat ausgesprochene Übergabe der Abtei mitsamt allen Gütern rechtsgültig beglaubigte. Das sowohl mit dem grossen Äbtissinnensiegel wie ihrem kleineren Sekretsiegel versehene Dokument befindet sich heute im Stadtarchiv Zürich[6] und wird hier zum ersten Mal ediert. Als Georg von Wyss in den 50er Jahren des letzten Jahrhunderts im Anschluss an seine ‹Geschichte der Abtei Zürich› die Urkunden des Stifts publizierte, hatte er keine Kenntnis von der Existenz dieser Urkunde. Er veröffentlichte daher lediglich eine auf Papier geschriebene, von ihm «Entwurf» genannte Vorfassung des Urkundentextes, die ebenfalls im Stadtarchiv Zürich aufbewahrt wird.[7] Dieses Schriftstück wurde am Tag vor der Entstehung der Originalurkunde *(an unser lieben frowen abend, als si empfangen ward)*, also am 7. Dezember 1524, abgefasst und diente wahrscheinlich als Vorlage bei der Niederschrift der Urkunde. Die endgültige Fassung zeigt gegenüber der Vorgängerversion allerdings kleinere Textabweichungen: Neben der unterschiedlichen Datierung sind dies vor allem einige präzisierende oder verstärkende Zusätze *(Frowenmönster zů Zůrich; gevárd harinne vermitten; zů merern vestnung)*. Noch am Abend des 8. Dezember (*am abent vnser lieben frowen tag ...*) reagierte der Rat auf die Ausstellung der Übergabeurkunde mit einem eigenen Schriftstück, in dem die Annahme der Schenkung erklärt und Katharina die von ihr erbetene Versorgung zugesichert wird.[8]

1. Die Verzichtserklärung vom 30. November 1524

In nomine domini. Amen.

Item das gothuß Fröwenmünster, ze Zürich in der stat gelegen, ist begabt unnd mit fryhaitten versehen von vil küngen und kaisern vor ettlich hundert jaren, wie dan die origynalbrief, noch unversert vorhanden, söllichs vilfaltig anzeigend, und ain gotz- 5
huß untz ietz in rüwiger besitzung gewesen ist. Söllichs des gotzhus nutzung, friheit und gwaltsami zů melden nit not, siege ainem burgermaister und rat der statt Zürich aigenlich kunt und wussen.

Des ietzgemelten gotzhus die hochwirdig fürstin und frow frow 10
Kathrina geporne fryn von Zimern äpptissin etc. und regiererin ietzmals siege.

Diewil nun uß der ordnung gotz diser zit ir gnad, die lest und ainig in dem gotzhuß, gewaltsame hab, so sie ir gnad des genanten gůtten willens gegen ainer statt von Zürich – den gůttetten 15
nach, irn gnaden vorhar beschehen, ouch umb růwen willen beiden tailen und besunder darumb, das ain stat von Zürch ir fürnemen gegen andern derglichen, die dannocht in minderer achtung siegend dan ir gnad, dester mit besseren fůgen enden mögen –, sollich irs gotzhuß fryyhaitten und fryhaitbrieve mit 20
allem begriff und inhalt desselbigen gotzhus, lüt und gůt, wie dan das in besitzung ie und ie untz har gewesen und noch ist, wie das alles benampt, geschaffen und wo es gelegen ist, nutzit vorbehalten noch usgeschlossen, sampt der pfandschaften, so ain statt von Zürich von gemeltem gotzhuß ain zitlang inngehept 25
und noch hat, ouch damit die wirde der apty und alles regimentz ubergeben, des allen gentzlich verzichen und der statt Zürich, so vil an ir ist, zehanden stellen und bringen, wie dan sy, die von Zürich, vermainend, allerkreftigest beschehen söll und möge.

30 Das aber ain burgermaister unnd ersamer rat irn gnaden gnedigen willen erkenne: So siegent ettlich uffwiser, die gern gesehen, das sy ratt wider sollich ufgab <bi> dem bischof von Costantz, irn gnaden brůder, miner hern der eidgnossen unnd sunst andrer rat und bistand gesůcht, das aber ainer stat von Zürich und ir
35 gnaden selbs gar bald groß unrůw unnd ongemach hette mögen bringen, davor ir gnad ires vermögens sin und ainer statt von Zürich tun welle, das ir lieb und dienst sye.

Es hab ouch ir her unnd vatter selgen ir gnad und dero swöster in das gothuß und ainem burgermaister und rat uff ir schriben
40 geben und bevolhen, hand ob inn ze haben als vögt, und nit dem capittel, dadurch ir gnad vätterlich, mütterlich und vetterlich erb verzigen und verlassen hab etc. Unnd das doch dagen irn gnaden nach irm harkommen, der gepurt, ouch dem erlichen stand, dem ir gnad hiemit übergeben wirt, und in ansehung irer person, al-
45 ters und onvermögens ain provision geben unnd geordnet werde nach der statt eren und irer notturft.

(Von anderer Hand:) Uff Sant Andres tag anno 24 habent mine herren, burgermeister, clein und groß rätt, wie obstat, von miner gnedigen frowenn ir gerechtikeit an sich gnomen inhalt deß rats-
50 bůch.

2. Die Übergabeurkunde vom 8. Dezember 1524

Wir, Katherina, von gottes gnaden áptissin des gotzhuses Frowenmünster zuo Zúrich, bekennend offembar und tuond kunt allermengklichem, gegenwúrtigen und kúnfftigen, denen sölichs zů wissen not ist:

Als wir von wilend dem wolgepornen herren hern Hanß Wern- 5
hern fryherren von Zimern etc., unßerm lieben herren und vatter, in das vermelt gotzhus geton und doch nit den herren vom cappittel unßers gotzhus und stifft, besonder den strengen, vesten, fúrsichtigen, ersamen und wisen burgermaistern und rate der statt Zúrich, unsern lieben herren und fründen, mit getrúwer 10
bevelh als vögten und schirmherren ergeben sind und wir dann in betrachtung unßers herren vaters gemůt bedenckend, och ainige frow und áptissin dises gotzhus sind, deshalb wir dis mals besonder dirre zitt nach gstallt der löffen sölichs zů tůnd wol macht, haben wir unßer gewússne und conscientz entladen, die 15
ere und lob gottes zů hertzen genomen (als billich ain ieder cristenmentsch in ontzwifenlicher hoffung, göttliche ordnung ze volbringen, ston sol) und uff sölichs frys, gůtz willens onbetzwungen, besonder mit vorgehapten rate erlicher, fromer lúten und unßer selbs besten verstentnúss, der wirde der apty, och des 20
vermelten unßers gotzhus und gotzhus fryhaiten, die unnser vordern und wir von hochloblicher gedechtnuss römischen kayßern und kúngen von der zitt der stifftung unßers gotzhus untz har gehept und noch habent, sampt den fryhaitzbriefen, zinßbriefen und allen andern briefen, urbarbůchern, rödeln und registern 25
über alle zinß, zechenden, renndt, nútz, gúlt, lút und gůt, amptlút und ámptere und über alles das, so sölich brieff, urbar, rödel und register innhaltend, wie das alles genant <und> geschaffen ist, das minder und das merer, gar nútz davon gesúndert, doch vorbehalten den chorherren und cappittel das ir, gantz und gar 30
entzigen, verzigen und begeben und ietz tůnd in krafft dis briefs, wie wir das in der allerhöchsten und besten form, das es vor gaistlichen und weltlichen lúten, rechten richtern und gerichten

allenthalb allerbest krafft und macht haben sol und mag, tůn
35 söllent und mögend, und das alles sampt und sonders den vor-
benanten unßern lieben herren und fründen, burgermaistern,
rate und burgern der statt Zúrich, in und zů iren handen geben,
geantwurt und úbergeben, also das si und ir ewig nachkomen das
gotzhus, die fryhaiten, zinß und ander briefe, urbar, rödel und
40 register, amptlút und ǎmptere, lút und gůt sametlich und son-
derlich innhaben, versehen, besetzen, entsetzen und bewerben
söllent und mögent nach irem willen und gefallen und als si gott
dem allmechtigen darumb antwurt geben wellent, von uns und
allermengklichem von unnßer wegen gantz und gar ongesumpt
45 und ongeiert, dann wir dis uffgab und vertzihung bi unßern wir-
den, eren und gůten trúwen wär, vest, stǎt und onverbrochenlich
ze halten gelopt haben, gevǎrd harinne vermitten. Und des alles
zů warem urkund unser obgeschribner fryen uffgab und end
unßer wirde der apty haben wir unßer ǎptlich insigel zůsampt
50 unnßerm secrettinsegel zů merern vestnung an disen brieff tůn
hencken, uns aller vorberůrter dingen ietz und ewigklich zuo
besagen.

Dise frye uffgab ist beschechen und diser brieff geben an unnßer
lieben frowen tag, als si empfangen ward, von der gepurt Cristi,
55 unnßers lieben herren, do man zallt tusendfúnffhundertzwaintzig
unnd vier jar.

1 Ich danke Christine Christ-von Wedel und Peter Erni für die
 freundliche Überlassung ihrer Vorarbeiten zur Übergabeurkunde.
2 StaatsAZ, B VI 249, Bl. 143ᵛ (Ratsbuch 1524), abgedruckt bei
 Georg von Wyss, Geschichte der Abtei Zürich, Zürich 1851–1858
 (Mitteilungen der Antiquarischen Gesellschaft in Zürich 8), Beilagen Nr. 496a, S. 467.
3 StadtAZ, III.B. 961.:6 (Fraumünsterabtei, Akten 1471–1524),
 abgedruckt im Codex diplomaticus Alemanniae et Burgundiae
 Trans-iuranae intra fines dioecesis Constantiensis, hg. von Trudpert
 Neugart, Bd. 2, St. Blasien 1795, Nr. 1176, S. 515f., den Hauptteil
 zit. von Wyss, ebd., B. 3, S. 111f.

4 Diese Hand ist identisch mit derjenigen des Eintrags im Ratsbuch, siehe Anm. 2.
5 StaatsAZ, Ratsbuch 1524 (wie Anm. 2), Bl. 144$^{r/v}$, abgedruckt bei von Wyss, ebd., Nr. 496b, S. 467.
6 StadtAZ, I.A. 501.
7 StadtAZ, III.B. 961.:9, abgedruckt bei von Wyss, ebd., Nr. 497, S. 467f. Peter Vogelsanger, Zürich und sein Fraumünster. Eine elfhundertjährige Geschichte 853–1956, Zürich 1994, S. 265f., druckt ebenfalls nur die Vorfassung, die er wenig präzise als «Schreiben der Äbtissin an den Rat» bezeichnet.
8 StadtAZ, I.A. 502, abgedruckt bei von Wyss, ebd., Nr. 498, S. 469f. (mit falschem Datum 7. Dezember).

III. Übersetzung der beiden Übergabe-Dokumente
von Christine Christ-v. Wedel

Die Erklärung zum Verzicht vom 30. November 1524

Im Namen des Herrn. Amen

Das Gotteshaus Fraumünster, in der Stadt Zürich gelegen, ist vor etlichen hundert Jahren von vielen Königen und Kaisern ausgestattet und mit Privilegien versehen worden, wie dies die unversehrt erhaltenen Originalurkunden auf viele Weise bezeugen, und das Gotteshaus ist bis heute ungestört in Betrieb gewesen. Es sei nicht nötig, von solchen Nutzungsrechten, Privilegien und Hoheitsrechten des Gotteshauses weiteres zu sagen, denn das sei ja dem Bürgermeister und dem Rat der Stadt Zürich wohl bekannt.

Die derzeitige Äbtissin etc. und Herrin des genannten Gotteshauses sei die hochwürdige Fürstin und Herrin, die Edelfrau Katharina geborene Freiin von Zimmern.

Weil nun nach der Ordnung Gottes zu dieser Zeit Ihre Gnaden als letzte und einzige Entscheidungsbefugnis besitze, deshalb sei Ihre Gnaden in bezug auf das Genannte des guten Willens der Stadt Zürich gegenüber – wegen der Guttaten, die ihr früher zuteil wurden, aber auch um des Friedens willen für beide Teile, besonders aber damit die Stadt Zürich ihr Vorhaben gegen andere, die denn doch weniger Ansehen genössen als Ihre Gnaden, mit grösserer Schicklichkeit ausführen könne – deswegen also sei sie bereit, solche Privilegien und Rechtstitel des Gotteshauses zu übergeben mit dem ganzen Geltungsbereich und Inhalt, mit Leuten und Dörfern und Höfen, wie die Abtei das seit eh und je bis jetzt besessen hat und noch besitzt, so wie das alles bezeichnet und beschaffen ist und wo es liegt, nichts vorbehalten noch ausgeschlossen, samt den Pfandschaften, die die Stadt Zürich von dem genannten Gotteshaus eine Zeit lang innehatte und noch hat, und damit zugleich die alten Hoheits- und Besitzrechte der Abtei und die ganze Verwaltung. Auf das alles sei sie bereit, gänzlich zu verzichten und der Stadt Zürich, so viel an ihr läge, alles zu übertragen und zuzubringen, wie ja die von Zürich der Meinung sind, dass dies unbedingt geschehen solle und könne.

Damit aber der Bürgermeister und der angesehene Rat den guten Willen Ihrer Gnaden erkenne: So gäbe es etliche Aufwiegler, die es gerne gesehen hätten, wenn sie, um die Übergabe zu verhindern, Rat beim Bischof von Konstanz, bei Ihrer Gnaden Bruder und bei meinen Herren, den Eidgenossen, oder auch bei noch anderen Rat und Beistand gesucht hätte. Das aber hätte der Stadt Zürich und Ihrer Gnaden selber gar bald grossen Unfrieden und Unglück bringen können. Dies aber wolle Ihre Gnaden, soweit das in ihrem Vermögen stehe, verhindern und für die Stadt Zürich tun, was dieser lieb und nützlich sei.

Es habe auch ihr seliger Herr Vater Ihre Gnaden und deren Schwester in das Gotteshaus gegeben und nicht dem Kapitel, sondern dem Bürgermeister und Rate auf ihr Schreiben hin anvertraut. damit sie sie als Vormund beschützten. Daraufhin habe Ihre Gnaden ihr väterliches, mütterliches und verwandtschaftliches Erbe aufgegeben und darauf verzichtet etc. Im Gegenzug solle Ihrer Gnaden, entsprechend ihrem Herkommen, ihrer Geburt und dem ehrbaren Stand, dem Ihre Gnaden damit übergeben wird, und in Anbetracht ihrer Person, ihres Alters und ihres Mangels an Vermögen eine Versorgung gegeben und festgesetzt werden, wie es der Ehre der Stadt und ihrem Bedürfnis entspräche.

(Von anderer Hand:) Am St. Andreastag (30. November) im Jahre 24 haben gemäss Ratsbuch meine Herren, der Bürgermeister und kleine und grosse Räte, wie es oben steht, von meiner gnädigen Frau ihre Rechte an sich genommen.

Die Übergabeurkunde vom 8. Dezember 1524

Wir, Katharina, von Gottes Gnaden Äbtissin des Gotteshauses Fraumünster in Zürich, machen öffentlich bekannt und bringen allen, die es jetzt oder später wissen sollten, Folgendes zur Kenntnis:

Weil wir von dem verstorbenen wohlgeborenen Herrn Hans Werner Freiherr von Zimmern etc., unserem lieben Vormund und Vater, in das genannte Gotteshaus gegeben wurden und dabei nicht den Kapitelsherren unseres Gotteshauses und Stifts, sondern den tüchtigen, anerkannten, klugen, angesehenen und kundigen Bürgermeister und Ratsherren der Stadt Zürich, unseren lieben Herren und Freunden, als Vögten und Schirmherren getreulich anvertraut und übergeben wurden, und weil wir darauf in dieser Hinsicht unseres Herrn Vaters Willen bedenken, und weil wir ausserdem auch die einzige Herrin und Äbtissin dieses Gotteshauses sind – weswegen es jetzt in dieser Zeit, wie sich die Dinge gestalten, wohl in unserer Befugnis steht, das Folgende zu tun –, haben wir unser Bewusstsein und Gewissen entlastet, uns Ehre und Lob Gottes zu Herzen genommen (wie ja billig jeder Christ in der festen Hoffnung stehen soll, sein Leben nach göttlicher Ordnung gestalten zu können). Und daraufhin haben wir gut- und willig und nicht gezwungen, sondern, nachdem wir uns mit ehrbaren und tüchtigen Leuten besprochen haben, nach bestem Wissen auf die ehrwürdigen Hoheits- und Besitzrechte der Abtei und des genannten Gotteshauses verzichtet und den Rechten, die unsere Vorfahren und wir von Römischen Kaisern und Königen besten Angedenkens von der Zeit der Stiftung unseres Gotteshauses an bis jetzt gehabt und noch innehaben, entsagt. Damit haben wir zugleich auf die Privilegien, auf Pachturkunden und alle anderen Urkunden, Urbarbücher und Rodel verzichtet und auf die Register über alle Angaben, Zehnten, Renten, Nutzungsrechte, Einkünfte, Hörige, Dörfer und Höfe, Freiamtsleute und Amtsrechte und auf alle Ansprüche, die diese Urkunden, Urbare, Rodel und Register beinhalten, so wie alles bezeichnet und beschaffen ist, Kleines und Grosses, ohne jede Einschränkung. Ausgenommen bleiben nur die Ansprüche der Chorherren und des Kapitels. Mit dieser Urkunde, die wir in der höchsten und besten Form, über die wir verfügen, aufsetzen, damit sie vor Geistlichen und Weltlichen, vor ordentlichen Richtern und Gerichten überall voll anerkannt werde und gelten soll, übertragen, anvertrauen und übergeben wir das alles samt und sonders unseren vorher genannten lieben Herren und Freunden, den Bürgermeistern, dem Rat und den Bürgern der Stadt Zürich, so dass sie und ihre Nachkommen zu allen Zeiten das Gotteshaus, die Privilegien, die Pachturkunden und andere Urkunden, Urbare, Rodel und Register, Freiamtsleute und Amtsrechte, Hörige und Dörfer und Höfe samt und sonders in Besitz nehmen und nach ihrem Willen und Belieben verwalten und Personen ein- und absetzen und anwerben sollen und können, wie sie es vor Gott dem Allmächtigen verantworten wollen, von uns und von allen anderen von unserer Seite ganz und gar ungehindert und unangefochten. Denn wir haben diese Übergabe und diesen Verzicht bei unserer Würde und Ehre und unserer guten Treue wirklich, unerschütterlich, beständig und unverbrüchlich zu halten gelobt, wobei Schaden vermieden werden soll. Zum unumstösslichen Zeugnis unserer obenbeschriebenen freien Aufgabe und dem Ende unserer ehrwürdigen Hoheits- und Besitzrechte an der Abtei haben wir unser Äbtissinnensiegel und unser Sekretsiegel zur weiteren Bekräftigung an diese Urkunde gehängt, indem wir jetzt und für immer alles oben Aufgezählte bestätigen.

Diese freie Übergabe wurde vollzogen und die Urkunde wurde ausgestellt an Mariä Empfängnis (8. Dezember) im Jahre 1524 nach Christi Geburt.

Ausgewählte Quellen und Literatur

Abkürzungsverzeichnis

ASA	Anzeiger für Schweizerische Altertumskunde
ASD	Opera omnia Erasmi, Amsterdam 1969
BAZ	Baugeschichtliches Archiv Zürich
EA	Eidgenössische Abschiede
Kdm Zch	Die Kunstdenkmäler des Kantons Zürich
LB	Desiderii Erasmi Roterodami opera omnia, Lugundi Batavorum 1703–1706
MAGZ	Mitteilungen der Antiquarischen Gesellschaft in Zürich
MCR	Philipp Melanchthon, Opera omnia im Corpus Reformatorum
NZZ	Neue Zürcher Zeitung
QSG	Quellen zur Schweizer Geschichte
RGG	Die Religion in Geschichte und Gegenwart
SLM	Schweizerisches Landesmuseum
StaatsAZ	Staatsarchiv des Kantons Zürich
StadtAZ	Stadtarchiv Zürich
TRE	Theologische Realenzyklopädie
UBZ	Urkundenbuch der Stadt und Landschaft Zürich
WA	Martin Luthers Werke, Kritische Gesamtausgabe
ZAK	Zeitschrift für Schweizerische Archäologie und Kunstgeschichte
ZBZ	Zentralbibliothek Zürich

ZCR	Huldreich Zwinglis Sämtliche Werke im Corpus Reformatorum
ZiChr	Zimmerische Chronik, hrg. von Karl Barack
ZSK	Zeitschrift für schweizerische Kirchengeschichte
ZTB	Zürcher Taschenbuch

Ungedruckte Quellen

Stadtarchiv Zürich Abt.III. B.: Akten Fraumünster-Abtei und Fraumünsteramt 853-1789; Abt.I. A.: Urkunden der Stadt Zürich.

Staatsarchiv Zürich C II 2: Fraumünsterakten; A 196.3,: Beziehungen Zürichs zu Württemberg und zu den Herren von Zimmern.

Akten des Staats- und des Stadtarchivs Schaffhausen betr. Lienhard und Eberhard von Reischach.

Akten im Reischach'schen Familienarchiv in Schlatt unter Krähen.

Glockenbuch oder Verzeichnis aller in den Kirchen des Cantons Zürich... iezt befindlichen Glocken... . Handschrift von *Salomon Vögelin*, Zentralbibliothek Zürich, Mscr. J 432.

Gedruckte Quellen

Actensammlung zur Geschichte der Zürcher Reformation in den Jahren 1519-1533, hrg. von Emil Egli, Zürich 1879.

Amtliche Sammlung der ältern eidgenössischen Abschiede aus dem Zeitraum von 1245–1798, Bde. I-IV,1a, bearb. von Joh. Strickler, Luzern u.a. 1839–1873.

Die Berner Chronik des Valerius Anshelm, hrg. vom Historischen Verein des Kt. Bern, 6 Bde, Bern 1884–1901.

Heinrich Bullingers Reformationsgeschichte, hrg. von Joh. Jak. Hottinger und Hans Hch. Vögeli, 3 Bde., Frauenfeld 1838–1840. Registerband, bearb. von Willy Wuhrmann, Zürich 1913.

Heinrich Bullinger, Werke, hrg. von Fritz Büsser, Abt. 2: Briefwechsel, hrg. von Ulrich Gäbler u.a., Zürich 1972ff.

Die Klosterfrauen in St. Cathrinenthal und die Reformation. Nach der zeitgenössischen Handschrift einer Nonne. Hrg. ungenannt, Konstanz 1837.

Gerold Edlibach, «da beschachend vil grosser endrungen». Gerold Edlibachs Aufzeichnungen über die Zürcher Reformation 1520–1526, hrg. und kommentiert von Peter Jezler, in: Bilderstreit, Kulturwandel in Zwinglis Reformation, Zürich 1984, S. 41–74.

Desiderii Erasmi Roterodami opera omnia ed. Johannes Clericus, Lugundi Batavorum 1703–1706.

Opera omnia Erasmi, Amsterdam 1969.

Desiderius Erasmus Roterodamus, Ausgewählte Werke, hrg. von H. Holborn u.a., München 1933.

Erasmus von Rotterdam, Ausgewählte Schriften, hrg. von G.B. Welzig, Darmstadt 1967.

Deutscher Glockenatlas, Württemberg und Hohenzollern, hrg. von S. Thurm, München 1959.

Der Glückshafenrodel des Freischiessens zu Zürich 1504, bearb. von Friedrich Hegi, 2 Bde., Zürich 1942.

Martin Luthers Werke, Kritische Gesamtausgabe, Weimar 1883 ff.

Philipp Melanchthon, Opera quae supersunt omnia, hrg. C.G. Bretschneider, (Corpus Reformatorum, Bde. 1–28), Halle 1834–1860.

Ursula Herzogin von Münsterberg, Christliche ursach des verlassen klosters zu Freyberg, Hans Luft 1528.

Oswald Myconius, Vom Leben und Sterben Huldrych Zwinglis, hrg. von Ernst Gerhard Rüsch (Mitteilungen zur vaterländischen Geschichte, 50), St. Gallen 1979.

Die Denkwürdigkeiten der Claritas Pirckheimer aus den Jahren 1524–1528, hrg. von J. Pfanner, Landshut 1962, in: Claritas Pirckheimer, Quellensammlung, Heft 2.

Thomas Platter, Lebenserinnerungen, hrg. von Alfred Hartmann, Sammlung Klosterberg, Basel 1944.

Johannes Salat, Reformationschronik 1517-1534, bearb. von Ruth Jörg (QSG N.F., I. Abt., Band VIII,1–3), 3 Bde., Bern 1986.

Johannes Stumpfs Schweizer- und Reformationschronik, hrg. von Ernst Gagliardi, Hans Müller und Fritz Büsser (QSG N.F., Bd.V-VI), 2 Bde., Basel 1952–1955.

Johannes Stumpf, Chronica vom Leben und Wirken des Ulrich Zwingli, hrg. von Leo Weisz (Quellen und Studien zur Geschichte der helvetischen Kirche I), 2.Aufl., Zürich 1932.

Chronik des Bernhard Wyss, hrg. von Georg Finsler (Quellen zur Reformationsgeschichte I), Basel 1901.

Zimmerische Chronik, hrg. von Karl Barack, 2. Ausgabe, 4 Bände, Tübingen 1881.

Die Chronik der Grafen von Zimmern, hrg. von Hansmartin Decker-Hauff, 3 Bde., Stuttgart 1964 (unvollständig gebliebene Ausgabe der Chronik).

Huldreich Zwingli, Werke, hrg. von M. Schuler und G. Schulthess, Zürich 1828–1841

Huldreich Zwinglis Sämtliche Werke, hrg. von Emil Egli u. a. (Corpus Reformatorum, Bde. 88 ff.), Berlin (später Zürich) 1905ff.

Huldrych Zwingli, Schriften (dt.), hrg. von Thomas Brunnschweiler und Samuel Lutz, 4 Bde., Zürich 1995.

Literaturverzeichnis

Beer, Mathias, «*Wenn iych eynen naren hett zu eynm man, da fragen dye freund nyt vyl danach*». Private Briefe als Quelle für die Eheschliessung bei den stadtbürgerlichen Familien des 15. und 16. Jahrhunderts. In: Ordnung und Lust. Bilder von Liebe, Ehe und Sexualität in Spätmittelalter und früher Neuzeit, hrg. von Hans-Jürgen Bachorski, Trier 1991.

Bilderstreit. Kulturwandel in Zwinglis Reformation, hrg. von Hans-Dieter Altendorf und Peter Jezler, Zürich 1984.

Birchler, Linus, Die Restaurierung des Chores des Zürcher Fraumünsters, in: NZZ, Nr. 506, 7. 2. 1964, (wiederabgedruckt in: Berichte der Zürcher Denkmalpflege, 3. Bericht 1962/63, Zürich 1967, S. 139-141).

Bless-Grabher, Magdalen, Veränderungen im kirchlichen Bereich 1350-1520, in: Geschichte des Kantons Zürich I, S. 438–70

Büchi, Albert, Albrecht von Bonstetten. Ein Beitrag zur Geschichte des Humanismus in der Schweiz, Frauenfeld 1889.

Christ – v. Wedel, Christine, «Praecipua coniugii pars est animorum coniunctio». Die Stellung der Frau nach der «Eheanweisung» des Erasmus von Rotterdam. In: Eine Stadt der Frauen, hrg. von Heide Wunder u.a., Basel 1995. .

Denzler, Alice, Geschichte des Armenwesens im Kanton Zürich im 16. und 17. Jahrhundert, Zürich 1920.

Dietrich, Christian, Die Stadt Zürich und ihre Landgemeinden während der Bauernunruhen von 1489 bis 1525 (Europäische Hochschulschriften, Reihe III: Geschichte und ihre Hilfswissenschaften, 229), Frankfurth a.M. 1985.

Dörner, Gerald, Kirche, Klerus und kirchliches Leben in Zürich von der Brunschen Revolution (1336) bis zur Reformation (1523), Würzburg 1994.

Egli, Emil, Schweizerische Reformationsgeschichte, hrg. von Georg Finsler, Bd.I: 1519–1525, Zürich 1910.

Eugster, Erwin, Die Entwicklung zum kommunalen Territorialstaat, in: Geschichte des Kantons Zürich 1, S. 299–335.

Stammtafeln zur Geschichte der europäischen Staaten, NF hrg. von Detlev Schwennicke, Bd. XII: Schwaben, 1992.

Felix Fabri, Galeere und Karawane. Pilgerreise ins Heilige Land, zum Sinai und nach Ägypten 1483, hrg. von Herbert Wiegandt, Stuttgart 1996.

Faix, Gerhard und Reichert, Folker (Hrg.), Eberhard im Bart und die Wallfahrt nach Jerusalem im späten Mittelalter, Stuttgart 1998.

Farner, Oskar, Huldrych Zwingli, 3 Bde., Zürich 1954.

Feyler, Anna, Die Beziehungen des Hauses Württemberg zur Schweizerischen Eidgenossenschaft in der 1. Hälfte des 16. Jahrhunderts. Diss. Zürich 1905.

Gäbler, Ulrich, Huldrych Zwingli. Eine Einführung in sein Leben und Werk (Beck'sche Elementarbücher), München 1983.

Geschichte der Mädchen- und Frauenbildung, hrg. von Elke Kleinau und Claudia Opitz, Frankfurt, New York 1996

Geschichte des Kantons Zürich I, Frühzeit bis Spätmittelalter, Zürich 1995.

Geschichte des Kantons Zürich II, Frühe Neuzeit – 16. bis 18. Jahrhundert, Zürich 1996.

Gilomen, Hans-Jörg, Innere Verhältnisse der Stadt Zürich 1300-1500, in: Geschichte des Kantons Zürich I, S. 336-389.

Gilomen-Schenkel, Elsanne, Frühes Mönchtum und benediktinische Klöster des Mittelalters in der Schweiz, in: Helvetia Sacra Abt.III/1, Teil 1, Bern 1986, S.33–82.

Haas, Martin, Huldrych Zwingli und seine Zeit. Leben und Werk des Zürcher Reformators. 3. Aufl., Zürich 1982.

Halter, Annemarie, Geschichte des Dominikanerinnen-Klosters Oetenbach in Zürich 1234–1525, Winterthur 1956.

Hauswirth, René, Zur Realität des Reiches in der Eidgenossenschaft im Zeitalter der Glaubenskämpfe, in: Festgabe Leonhard von Muralt, Zürich 1970.

Hegi, Friedrich, Die geächteten Räte des Erzherzogs Sigmund von Österreich und ihre Beziehungen zur Schweiz 1487–1499, Innsbruck 1910.

Heidenreich, Gabriele, Schloss Messkirch. Repräsentation adeligen Herschaftsbewusstseins im 16. Jahrhundert, Tübingen 1998.

Hörger, Karl, Die reichsrechtliche Stellung der Fürstäbtissinnen, in: Archiv für Urkundenforschung 9, S. 95–269.

Hüssy, Hans, Aus der Zürcher Finanzgeschichte in der Reformationszeit, ZTB 1948, S. 40–58.

Jenny, Beat Rudolf, Graf Froben Christoph von Zimmern. Geschichtsschreiber, Erzähler, Landesherr. Ein Beitrag zur Geschichte des Humanismus in Schwaben, Lindau 1959.

Jezler, Peter, Der spätgotische Kirchenbau in der Zürcher Landschaft. Die Geschichte eines «Baubooms» am Ende des Mittelalters. Festschrift zum Jubiläum «500 Jahre Kirche Pfäffikon», Wetzikon 1988.

Jezler, Peter, Tierdarstellungen, Auftraggeber und Bildbetrachter. Überlegungen zum ikonologischen Programm der spätgotischen Kirchendecken von Maur und Weisslingen im Kanton Zürich, in: Unsere Kunstdenkmäler 40, 1989, S. 366–383.

Jucker, Hans, Das Bildnis im Blütenkelch, Lausanne 1961.

Köppel, Christa, Von der Äbtissin zu den gnädigen Herren. Untersuchungen zur Wirtschaft und Verwaltung der Fraumünsterabtei und des Fraumünsteramts in Zürich 1418–1549, Zürich 1991.

Lendenmann, Fritz, Die wirtschaftliche Entwicklung im Stadtstaat Zürich, in: Geschichte des Kantons Zürich II, S. 126–171.

Ludolphy, Ingetraut, Die Frau in der Sicht Martin Luthers, in: Vierhundertfünfzig Jahre lutherische Reformation 1517–1967. Festschrift für Franz Lau zum 60. Geburtstag, Göttingen 1967.

McKee, Elsie Anne, Katharina Schütz Zell, The Life and Thought of a Sixteenth-Century Reformer, Leiden 1999.

Meyer, Andreas, Zürich und Rom. Ordentliche Kollatur und päpstliche Provisionen am Frau- und Grossmünster 1336–1523, Tübingen 1986.

Meyer von Knonau, Gerold, Aus mittleren und neueren Jahrhunderten, Zürich 1876.

Müller, Johannes von, Geschichten Schweizerischer Eidgenossenschaft, 3 Bde., 2. Aufl., Zollikon-Zürich 1942.

Nüscheler, Arnold, Die Gotteshäuser der Schweiz. Drittes Heft. Bistum Constanz. Zweite Abtheilung. Archidiaconat Zürichgau, Zürich 1873.

Panofsky, Erwin, Studien zur Ikonologie, Humanistische Themen in der Renaissance, Köln 1980.

Raff, Gerhard, Hie gut Wirtemberg allewege. Das Haus Württemberg von Graf Ulrich dem Stifter bis Herzog Ludwig, Bd. I, 3.Aufl., Stuttgart 1994.

Rahn, Johann Rudolf, Über Flachschnitzereien in der Schweiz, in: Festgabe auf die Eröffnung des Schweizerischen Landesmuseum in Zürich, Zürich 1898, S. 170–206.

Rahn, Johann Rudolf, Verzeichnis der Inschriften auf schweizerischen Flachschnitzereien, in: ASA 31, 1898, S. 92–94; 127–129.

Rahn, Johann Rudolf, Das Fraumünster in Zürich I. Aus der Geschichte des Stiftes. MAGZ 25, Heft 1, Zürich 1900.

Rahn, Johann Rudolf, Das Fraumünster in Zürich III. Die spätgotischen Abteigebäude. MAGZ 25, Heft 3, Zürich 1902.

Rahn, Johann Rudolf / Zeller-Werdmüller, Heinrich, Das Fraumünster in Zürich II. Die Beschreibung des Fraumünsters. MAGZ 25, Heft 2, Zürich 1901.

Romer, Hermann, Herrschaft, Reislauf und Verbotspolitik. Beobachtungen zum rechtlichen Alltag der Zürcher Solddienstbekämpfung im 16. Jahrhundert. (Zürcher Studien zur Rechtsgeschichte 28), Zürich 1995.

Rübel-Kolb, Eduard, Das Fraumünstergut. Sein Schicksal in 11 Jahrhunderten, Zürich 1988.

Ruckgaber, Heinrich, Geschichte der Grafen von Zimmern, Rottweil 1840.

Schneider, Jürg/Gutscher, Daniel/Etter, Hansuel/Hanser, Jürg., Der Münsterhof in Zürich. Bericht über die Stadtkernforschungen I, 1977/78, Olten/Freiburg i.B. 1982.

Schneider, Jürg, Zürichs Rindermarkt und Neumarkt, Zürich 1989.

Schwarz, Dietrich W.H., Aus der mittelalterlichen Münzgeschichte Zürichs. ZTB 1942, S.48–64.

Schweizer, Paul, Die Behandlung der zürcherischen Klostergüter in der Reformationszeit, in: Theologische Zeitschrift aus der Schweiz, 1885, S. 161–188.

Sieber, Christian, Die Reichsstadt Zürich zwischen der Herrschaft Österreich und der werdenden Eidgenossenschaft, in: Geschichte des Kantons Zürich I, S. 471–498.

Sigg, Otto, Zürcher Finanzverwaltung im Spannungsfeld von Reformation und Frührationalismus, ZTB 1976, S. 1–13.

Stälin, Christoph Friedrich, Wirtembergische Geschichte, 4 Bde., Stuttgart/Tübingen 1841–1870.

Steinmann, Judith, Die Benediktinerinnenabtei zum Fraumünster und ihr Verhältnis zur Stadt Zürich 853–1524, Diss. St. Ottilien 1980.

Steinmann, Judith, Fraumünster Zürich, in: Helvetia Sacra Abt.II, Bd. I, 3: Benediktinerklöster, Bern 1986.

Stelzenberger, Johannes, Syneidesis, Conscientia, Gewissen, Paderborn 1963.

Stucki, Hanspeter, Das 16. Jahrhundert, in: Geschichte des Kantons Zürich II, S. 172–245.

Teuscher, Simon, Bekannte – Klienten – Verwandte. Soziabilität und Politik in der Stadt Bern um 1500, Köln/Weimar/Wien 1998.

Vögelin, Salomon/Nüscheler, Arnold/Vögelin, Salomon F., Das Alte Zürich, historisch und antiquarisch dargestellt, 2 Bde., Zürich 1878–1890.

Vogelsanger, Peter, Zürich und sein Fraumünster. Eine elfhundertjährige Geschichte (853–1956), Zürich 1994.

Vogt, Emil, Zur Baugeschichte des Fraumünsters in Zürich. ZAK 19, 1959, S. 133–163.

Wandel der Geschlechterbeziehungen zu Beginn der Neuzeit, hrg. von Heide Wunder u. a., Frankfurt 1991.

Widmer, Sigmund, Zürich – eine Kulturgeschichte, Bd. 5: Fromme Ketzer, Zürich 1977.

Wiggenhauser, Béatrice, Klerikale Karrieren. Das ländliche Chorherrenstift Embrach und seine Mitglieder im Mittelalter, Diss. Zürich 1997.

Wyss, Georg von, Geschichte der Abtei Zürich. MAGZ 8, Zürich 1851–1858.

Zangger, Alfred, Wirtschaft und Sozialstruktur auf dem Land 1350-1530, in: Geschichte des Kantons Zürich I, S. 390–437.

Zemp, Josef, Baugeschichte des Fraumünsters. MAGZ 25, Heft 4, Zürich 1914.

Zimmerli – Witschi, Alice, Frauen in der Reformationszeit, Zürich 1981.

Bildnachweis

Seite 2	Handschrift Cod. Don. 580a, 371r. Württembergische Landesbibiliothek
Seite 23	Generallandesarchiv Karlsruhe (J-B Messkirch/1)
Seite 35	Zentralbibliothek Zürich, Merian-Stich
Seite 43	Fraumünster und Abteigebiet. Abbildung BAZ
Seite 49	Foto SLM
Seite 77	Das alte Schaffhausen, gestochen von M. Merian, Zentralbibliothek Zürich
Seite 79	Holzschnitt aus der Chronik des Johannes Stumpf, Amt für Denkmalpflege und Inventarisation des Kantons Thurgau
Seite 83	StadtAZ
Seite 99	Foto Breitinger, 23.3.1898, 4247 BAZ
Seite 101	Foto R. Rast Fribourg BAZ 13, 82290-C
Seite 103	Repro BAZ 15471
Seite 109	Foto Breitinger, 7.5.1891, 1386 BAZ
Seite 113	SLM
Seite 115	Aquatinta von Julius Arter, Repro BAZ 31930
Seite 117	Foto Breitinger, 9. 5. 1898, BAZ
Seite 121	StadtAZ
Seite 133	Foto SLA 1943 nach Aquarell von Hch. Reutlinger, Repro BAZ 8894
Seite 139	Foto SLM
Seite 143	Repr. SLA 1943/ZBZ; Gr. S. H 1–13